Mein KINDERGARTEN-Bastelbuch

Vorwort 4
So wird's gemacht 6

Basteln fördert...

...die Sinne 12
   Einfach dufte! 14
   Buntblick 16
   Leichtfüßig 18
   Leckerschmecker 20
   Wo der Pfeffer wächst 22
   Fingerspitzengefühl 24
   Klangfarbe 26
   Kuschelweich 28

...die Feinmotorik 30
   Zauberstern 32
   Freche Früchtchen 34
   Konzentration! 36
   Chic! 38
   Manege frei! 40
   Farbenfroh 42

...die Konzentrationsfähigkeit 44
   Punktlandung 46
   Fang die Maus! 48
   Im Dunkeln funkeln 50
   Angemessen 52

...das Grundwissen 54
   L wie Ludwig 56
   Einkaufsspaß 58
   Kubismus 60
   Graf Zahl 62
   Formvollendet 64
   Baumeister 66

...die Kreativität 68
   Dicke Fische 70
   Gipstütenmonster 72
   Dreckspatz 74
   Fotos aus Fantasia 76
   Edel 78
   Zauberpflanze 80
   Käpt'n Zufall 82
   Knallfarbe 84
   Einfach glänzend! 86

...die Gefühlsreflexion 88
   Kummer ade! 90
   Sweet home 92
   Knet' mal! 94
   Unverwechselbar 96
   Synchron 98
   Wachgeküsst! 100
   Emotion 102
   Passkontrolle 104

...das Umweltbewusstsein	106
Teich und Tümpel	108
Winterblume	110
Alles klar?	112
Natürlich	114
Mein Minibiotop	116
Hippes Hippo	119
Es schwimmt!	120
Beeindruckend!	122
Sonnenschein	124
Bunte Blüten	126
Kresseüberraschung	128
Es war eine Mutter, ...	130

Vorlagen	130
Was fördert was?	140
Das Team	142

INHALTSVERZEICHNIS • 3

Mein KINDERGARTEN-Bastelbuch

Kinder fördern, das kann tatsächlich jeder. Wer ein wenig Zeit mit Kindern verbringt und sich auf ihre Bedürfnisse einstellt, ist in der Lage, seine Zöglinge zu fördern, auch wenn er nicht Pädagogik studiert oder eine Erzieherausbildung genossen hat, auch wenn er sich nicht täglich über neue Lernmethoden informiert oder den Bildungsplan auswendig hersagen kann. Unser Anliegen ist es, Sie dabei zu unterstützen. Vielleicht offenbart es sich Ihnen nicht immer gleich, was Sie alles fördern, wenn Sie mit Kindern zum Beispiel einen Stern falten oder eine Gummibärchenkette herstellen, wenn Sie gemeinsam eine Sonne aus Zapfen legen oder mit Farbe experimentieren. Deshalb stellen wir in diesem Buch sieben Hauptförderaspekte vor.

Mit der schönen und kreativen Beschäftigung des Bastelns erreichen Sie viel mehr als Sie im ersten Moment für möglich halten: Vertrauen auf eigene Kreativität, Entdecken der Möglichkeiten des eigenen Könnens, Entwickeln von verschiedenen Ausdrucksmöglichkeiten, Sprachbefähigung und mathematisches Vermögen. Das alles fördern Sie mithilfe von Bastelideen, die einfach, verblüffend und leicht nachzumachen sind.

Lernen ist kein bitterernster Vorgang. Gerade Kinder im Kindergartenalter brauchen das Spiel und die kreative Beschäftigung, um die Schule später mit freudvoller Erwartung besuchen zu können. Das stupide Lernen, das Zensurenbekommen, das Richtig oder Falsch, das Aussortieren, Bewerten, Auswendigwissen, das Nichtverstehen und die Entmutigung setzen bei den heutigen Anforderungen leider immer wieder viel zu früh ein.

Eine frühe, spielerisch verstandene Förderung unterstützt stattdessen den natürlichen Forschertrieb und baut Frustration vor. Weil wir uns das für unsere Kinder wünschen, haben wir auch den Spaßfaktor nicht außer Acht gelassen.

Konzeption

Kreativteam

VORWORT • 5

So wird's gemacht

Wenn Kindergartenkinder basteln, ist schon klar, dass wir unsere Knirpse nicht ganz allein ihre ersten Kreativitätserfahrungen machen lassen können. Basteln mit Vorschulkindern heißt vor allem basteln zusammen mit einem Erwachsenen. Der Erwachsene leitet das Kind an, gibt aber nur so viel Hilfestellung, wie es benötigt. Das ist selbst bei Kindern der gleichen Altersgruppe völlig verschieden. Wichtig ist, dass die Kleinen ohne Leistungsdruck und mit viel Spaß basteln dürfen: Basteln ist Gehirnjogging – es fördert die motorische Entwicklung der Kleinsten ungemein. Das macht Spaß, ist aber auch anstrengend. Die Jungkünstler können beispielsweise zu Anfang einfach noch keine konkreten Formen wie Menschen oder Tiere malen. Wir sollten die Bastelzwerge daher nicht mit unseren Erwartungen überfordern. Sie kennen Ihr Kind am besten. Also machen Sie ab und zu eine Pause – und loben Sie Ihren Sprössling auch mal!

Wir stellen in diesem Anleitungsbuch Förderideen vor, die Wissen vermitteln, Lust auf neue Materialien und Techniken machen und das Basteln bis an seine Grenzgebiete – Küche, Experiment und Spiel – bringen. Entdecken Sie mit den kleinen Weltentdeckern neue Wege in die Kreativität.

Das bedeuten die Symbole,

 Die mit einem Handabdruck markierten Bastelschritte können von Ihrem Kind ausgeführt werden.

 Die Kindergruppe zeigt an, dass gleichzeitig viele Kinder aktiv sein können. Jedes so ausgezeichnete Modell, lässt sich aber auch von einem einzelnen Kind umsetzen.

 Die mit einem Kind versehenen Ideen werden am besten in Einzelarbeit verwirklicht.

 Außerdem sind jeweils Zeitaufwand und Startalter angegeben

ab 4 Jahren

Gestalten mit Farbe

Vorbereitungen
Egal, ob Sie auf dem Boden oder einem Tisch arbeiten: Legen Sie die Arbeitsfläche zuvor großzügig mit alten Zeitungen oder einer Wachstischdecke aus. Wasserflecken lassen sich auch durch aufgeschnittene Mülltüten prima vermeiden.

Unser Elterntipp
Ziehen Sie Ihrem Kind alte Kleider oder einen Malerkittel an, damit es sich ungehemmt mit der Farbe vergnügen kann.

Farben für Kinder
Acryl-, Dispersions- oder Temperafarbe können Sie für Papier, Karton und Holz beliebig austauschen. Die Farben sind in verschiedenen Größen erhältlich, wasserlöslich und lassen sich gut mischen. Passen Sie aber auf, dass Ihr Kind nicht an den Farben leckt! Selbst Farben auf der Basis von Lebensmittelfarbe sind nicht gesund.

Unser Elterntipp
Verwenden Sie ausschließlich Farben auf Wasserbasis. Sie dünsten keine schädlichen Dämpfe aus und sind – abgesehen von Acrylfarben – auswaschbar.

Basteln mit Fundsachen

Basteln mit Lebensmitteln
„Mit dem Essen spielt man nicht!" – Diese Ermahnung kennt jeder. Aber weil es so viel Spaß machen kann, mit Äpfeln, Zimt und Co. kreativ zu werden, ist das eigentlich doch ganz in Ordnung. Diese Naturbastelwaren bestehen aus nachwachsenden Rohstoffen und sind frei von giftigen, chemischen Zusätzen wie beispielsweise den Weichmachern in Kunststoffen. Die Seiten 20 und 34 zeigen, was man aus diesem unbedenklichen Bastelmaterial erschaffen kann.

HINWEIS
Achten Sie darauf, dass die kleinen Bastler oder deren kleinen Geschwister keine kleinteiligen Utensilien wie Holzperlen in die Hände bekommen. Hier besteht Verschluckungsgefahr! Auch Klebstoff, Scheren, Salzteig und Farben sollten nur unter den wachsamen Augen eines Erwachsenen verwendet werden.

SO WIRD'S GEMACHT • 7

Basteln mit Recyclingmaterial

Aus Recyclingmaterialien wie Joghurtbechern, Eierkartons, Käseschachteln, Korken und Flaschendeckeln lassen sich herrliche Objekte gestalten. Achten Sie darauf, dass diese Abfallelemente gut gespült sind. Dadurch werden eventuell anhaftende Keime entfernt und die Kunstwerke riechen später nicht. Schmirgeln Sie scharfe Kanten gegebenenfalls mit Schleifpapier glatt. Sehr hübsch ist beispielsweise das Kaleidoskop auf Seite 16.

Sand, Steine und Rinde

Mit Naturmaterialien wie Steinen, Sand und Rinde kann man außerordentlich schöne Sachen basteln. Und manchmal kann man sie völlig unerwartet einsetzen: Man kann mit Beeren malen und mit Erde und Sand Wasser filtern. Auf jedem Spaziergang kann man etwas Verwertbares finden! Schauen Sie doch mal auf die Seiten 110 und 114.

Unser Elterntipp

Gehen Sie achtsam mit der Natur um! Nicht jedes Fundstück darf auch mitgenommen werden, denn manche Pflanzen stehen unter Naturschutz oder dienen Wildtieren als Nahrungsquelle oder Unterschlupf. Mit einigen Ideen hier aus dem Buch können Sie Kinder zum Umweltschutz anregen. Auf Seite 116 finden Sie beispielsweise ein Insektenhotel.

Naturkunst

Naturkunst oder „Land Art" ist das Basteln mit Naturmaterial im Außenraum. Ein Vorrat an Sand, Stöcken, Beeren, Steinen, Zapfen, Blättern, Blüten, aber auch an Eiswürfeln kann also nicht schaden. Besonders beeindruckend sind großformatige Bastelarbeiten. Man kann stecken, stapeln, legen, einfrieren, einbinden oder säen und wachsen lassen. Da man mit natürlichen Formen gestaltet, benötigt man fast keine Hilfsmittel – außer jeder Menge kindlichen Spieltriebs! Eine Sonne aus Naturmaterial können Sie beispielsweise auf Seite 125 gestalten.

Unser Elterntipp

Ein überdachter Platz im Garten eignet sich prima als Materialsammelstelle. Hier können Sie und Ihr Kind Stöcke, Zapfen oder Steine zusammentragen, bis Sie eine ausreichende Menge Ihres Rohstoffs für ein Großprojekt beisammen haben.

Basteln mit Papier

Vorlagen übertragen
Vorlagen übertragen Sie schnell und einfach mit Kohlepapier. Basteln Sie mit größeren Gruppen, kann es sich anbieten, mit wiederverwendbaren Schablonen zu arbeiten. Ein Transparent- oder Architektenpapier auf die Vorlage legen und alle Motivteile mit Bleistift abpausen. Transparentpapier auf einen dünnen Karton kleben und die Motive sorgfältig ausschneiden. Die auf diese Weise entstandenen Schablonen auf das entsprechende Papier legen und mit Bleistift umfahren.

Papier schneiden
Beim Schneiden sollten Sie Ihrem Kind anfangs noch helfen. Führen Sie die Hand des schneidenden Kindes oder lassen Sie es an einfachen, aufgezeichneten Formen üben. Benutzen Sie eine Kinderschere. Deren abgerundete Spitzen verringern das Verletzungsrisiko, und ihre Größe ist an Kinderhände angepasst. Werden Elemente mit einem Cutter oder einer Haushaltsschere herausgetrennt, sollte dies in jedem Fall ein Erwachsener übernehmen!

Unser Elterntipp
Verwenden Sie lösungsmittelfreien Klebstoff. Er ist für kleine Kinder besonders gut geeignet, denn er lässt sich aus der Kleidung auswaschen. Noch besser eignet sich Kleister, denn er kann mit den Fingern aufgetragen werden.

Frottage
Weil Papier so dünn ist, kann man die Struktur der Dinge, die unter einem Bogen liegen, ganz deutlich fühlen. Und man kann sie sogar durchrubbeln! Ältere Kinder nehmen dazu Buntstifte, die sie sehr flach halten. Knirpse tun sich mit Wachskreiden wesentlich leichter. Diese Rubbeltechnik nennt sich Frottage und wurde schon von berühmten Künstlern wie Max Ernst eingesetzt. Ideen hierzu gibt es auf Seite 58 und 119.

Papier reißen
Auch die Allerkleinsten, die das Schneiden mit einer Schere oder das Prickeln noch nicht beherrschen, können schon mit Papier gestalten. Es lässt sich wunderbar in kleine Flocken reißen! Eine Anwendung finden Sie auf Seite 40.

SO WIRD'S GEMACHT • 9

Kleine Kiste

In mehreren Bastelmodellen werden Boxen gebastelt. Zum Beispiel auf Seite 24, 36 und 130.

So geht das Schritt für Schritt:

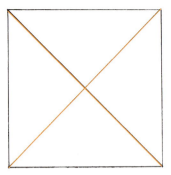

1 Das Papier entlang der Linien diagonal falten und wieder öffnen.

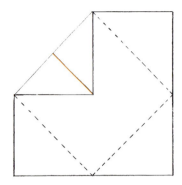

2 Erst eine Ecke des Papiers nach innen falten.

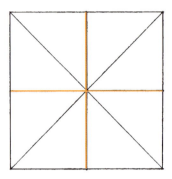

3 Dann die anderen drei Ecken nach innen falten, sodass sich die Spitzen in der Papiermitte berühren.

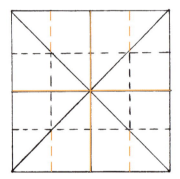

4 Das Papier entlang der gestrichelten Linien waagerecht und senkrecht falten und anschließend an den rot gestrichelten Linien einschneiden.

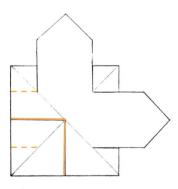

5 Durch das Einschneiden entstehen vier Laschen, die man aufklappen kann. Die Seitenwände des Kästchens werden nun an den in Schritt 4 gefalteten Stellen (gestrichelte Linien) hochgeklappt.

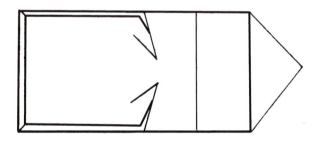

6 Gleichzeitig werden die Laschen an den Faltlinien nach innen um die Seitenwände geklappt.

10 • SO WIRD'S GEMACHT

Textile Basteltechniken

Nähen und Sticken
Papierweben und Übungen auf Bastelfilz führen Schritt für Schritt an das Nähen und Sticken heran. Achten Sie darauf, dass Ihr Kind mit einer stumpfen Stopfnadel arbeitet. Seite 42 bietet dazu mehr.

Aus Alt mach Neu
Waschlappen lassen sich auch prima weiterverarbeiten. Blitzschnell werden aus ihnen weiche Lieblingstiere – und das ganz ohne Nähmaschine! Auf Seite 28 wird gekuschelt.

Modellieren

Mit Gips, Ton oder lufthärtender Modelliermasse, mit Fimo® oder mit Knete können Kinder erste Erfahrungen im Modellieren sammeln. Dabei muss nicht immer das Ergebnis im Vordergrund stehen. Manchmal ist auch der Prozess Erfahrung genug. Neugierig? Dann sehen Sie sich doch auf Seite 94 an, wie man zu Musik modellieren kann.

Experimentieren

Jede neue Technik, jedes neue Material wird von Kindern erst einmal erforscht. So sind auch manche Bastelideen in diesem Buch kleine Forschungsprojekte. Ein erstes Experiment finden kleine Seebären auf Seite 120.

SO WIRD'S GEMACHT • 11

Sinne

Hinhören will gelernt sein!

Kinder lernen mit allen Sinnen: Schauen Sie einmal zu, wie von Kindern ein geliebtes Haustier wahrgenommen wird. Das Tier wird gestreichelt, berochen, belauscht, beobachtet und hin und wieder wird sogar das Essen des Tieres gekostet. Auf diese Weise lernen Kinder optimal und „sinnlich" – über das Sehen, Hören, Riechen, Schmecken und das Tasten.

Doch die genannten fünf Sinne sind nicht die einzigen. Durch Forschungen über die Entwicklung menschlicher Empfindungen im Zusammenhang mit Intelligenz hat sich herausgestellt, dass der Mensch noch viel mehr Wahrnehmungsebenen zur Verfügung hat. Er nimmt auf vielerlei Weisen andere Lebewesen und die Umwelt wahr und lernt durch sie. Entwicklungsforscher sprechen von acht bis dreizehn Sinnen.

Inspirierender Wettbewerb

Es verwundert nicht, wenn Kinder, um ihren Wissensdurst zu stillen, mit ihren Haustieren, Eltern oder Freunden Wettläufe veranstalten und dabei feststellen, wie schnell sie selbst im Vergleich zu diesen sind. Sie nutzen dabei den Bewegungssinn komparativ. Oder sie tragen kleine Tiere auf Armen und Schultern herum, trainieren damit den Gleichgewichtssinn und lernen dabei abzuschätzen, wie schwer oder leicht ihre Zöglinge sind. Alles in allem ist der gesamte Körper dabei in Aktion und jede kleinste Erfahrung wird abgespeichert und später wieder für andere Erlebnisse genutzt.

Ausprobieren und lernen

Je differenzierter und bewusster Kinder ihre Sinne nutzen, umso mehr Informationen erhalten sie. Wenn diese angeborenen Fähigkeiten spielerisch bei Kindern vertieft und trainiert werden, kann man verhindern, dass diese Sinne aufgrund der alltäglichen Reizüberflutung des heutigen Medienzeitalters verkümmern. Behalten Sie deshalb die Ausbildung der Sinne immer im Auge: Lassen Sie zu, dass Kinder viel Kurioses ausprobieren und sich damit selbst fördern!

...mmh, wie das duftet!

Es gibt viel zu entdecken – siehst du das?

Einfach dufte!
Malen mit Gewürzen

MATERIAL
- ✔ Zeichenblock, A4
- ✔ Tonzeichenpapier in Sonnengelb, Orange und Hellbraun
- ✔ Gewürzpulver (Curry, Paprika, Zimt und Kurkuma)
- ✔ Haarpinsel
- ✔ Glas mit Wasser
- ✔ kleine Gläschen zum Anrühren
- ✔ Teelöffel

 20 min

1 Du gibst einen Teelöffel Gewürzpulver in ein kleines Glas. Gib darauf 3-4 Teelöffel Wasser und verrühre beides zu einem dünnen Brei. Für die anderen Duftfarben jeweils ein neues Glas und ein anderes Gewürz nehmen.

2 Nun kannst du auf dem Zeichenblockpapier ein Bild nach deinen Vorstellungen malen. Bevor du mit einer anderen Duftfarbe malst, solltest du deinen Pinsel erst gründlich auswaschen.

3 Das Duftbild trocknen lassen. Du kannst beim Malen und danach die verschiedenen Düfte riechen.

4 Wenn du dein Bild auf ein farbiges Tonpapier klebst, das etwas größer ist als dein Bild, hast du einen schönen Rahmen für dein Duftbild.

AKTIONSIDEE

Malen Sie diese Gewürzbilder doch im Rahmen einer Orientwoche. Lesen Sie Märchen aus 1001 Nacht vor und zeigen Sie Bilder von Bazaren. Die Gewürzbilder regen zum **bewussten Riechen** und **Sehen** an. Der ungewöhnliche Ansatz fördert auch die Kreativität.

SINNE • 15

Buntblick
Mein erstes Kaleidoskop

MATERIAL
- Dokumentenrolle mit Deckel
- Transparentpapier mit Lieblingsmotiven, 20 cm x 30 cm
- Transparentpapierreste in Lieblingsfarben
- Vespertüte aus halbtransparentem Papier
- 10 Rocailles in Lieblingsfarben, ø 2 mm
- Satinband in Hellgrün, 15 cm lang
- Bürolocher
- Handbohrer
- 1-2 Haushaltsgummis
- Kinderschere und Zick-Zack-Kinderschere
- Klebestift
- Untertasse
- Bleistift

1 Kürzen Sie die Dokumentenrolle auf 30 cm. Legen Sie die Papprolle auf das Transparentpapier und nehmen Sie Maß.

2 Nun darfst du das vorgezeichnete Transparentpapierrechteck ausschneiden. Dieses darfst du dann mit einem Klebestift komplett flächig einstreichen. Das Transparentpapier klebst du auf die Papprolle, indem du sie über das Papier rollst.

3 Jetzt brauchst du die Vespertüte. Diese wird am Boden aufgeschnitten. Streiche die Vespertüte so flach, dass der Klebefalz an der Seite ist. Nimm eine Untertasse und lege diese auf das doppelte Papier. Umfahre die Untertasse mit einem Bleistift.

4 Schneide den doppelten Kreis mit einer Zick-Zack-Kinderschere aus.

5 Wolltest du nicht schon immer Konfetti machen? Mit dem Bürolocher kannst du dir Konfetti aus den bunten Transparentpapierresten stanzen. Schneide auch kleine Dreiecke aus den Resten und lege die Rocailles dazu.

ab 4 Jahren   20 min

6 Umfahre jetzt einen deiner Vespertütenkreise am Rand mit dem Klebestift. Lege deine bunte Konfetti-Perlen-Mischung in die Kreismitte. Drücke den zweiten Vespertütenkreis darauf fest.

7 Stelle die Papprolle auf die Mitte des Kreiskissens. Falte die Enden des Kreises um die Rolle und fixiere das ganze mit dem Gummiband. Lege das Satinband darüber, dann sieht es hübscher aus.

8 Mit einem Handbohrer machst du ein Guckloch in den Dokumentenrollendeckel. Setze ihn auf das Rollenende und schaue hindurch – toll!

AKTIONSIDEE

Das Kaleidoskop bedient den Förderbereich **Sehen**, die Bastelarbeit an sich unterstützt zudem die **Feinmotorik**. Stellen Sie doch eine Sammelkiste zum Themenschwerpunkt Sehen zusammen: Ferngläser, Glasprismen, Spiegel und Lupen machen Lust auf neue optische Erfahrungen.

MATERIAL
- ✔ große Folie
- ✔ Malerkrepp
- ✔ Malpapier, A3 (alternativ Endlospapier)
- ✔ Fingerfarben in Rot, Gelb und Blau
- ✔ Pappteller
- ✔ Lappen, Handtuch
- ✔ Eimer mit lauwarmem Wasser
- ✔ Lieblings-CD und CD-Player

Leichtfüßig
Mit den Füßen malen

1 Breiten Sie die große Folie aus und fixieren Sie die Folie mit Malerkrepp am Boden. Kleben Sie auch das Zeichenpapier fest (für Kindergruppen eignet sich Endlospapier), so kann das Kind ungestört malen.

2 Verdünnen Sie die Fingerfarbe mit etwas Wasser. Geben Sie jeweils eine Farbe auf einen Pappteller. Legen Sie die CD ein und schon kann's losgehen.

18 • SINNE

ab 2 Jahren ➡ 🕧 30 min

3 Nun darfst du auf einem Stuhl Platz nehmen. Deine große Zehe ist heute dein Pinsel, mit dem du malen darfst. Tauche deine Zehe in die Farbe ein und male auf das vor dir liegende Blatt. Höre dabei auf die Musik, sie kann deine Zehe beim Malen begleiten.

4 Wenn die Musik sehr schnell ist, kannst du auch aufstehen und über dein Blatt tanzen. Während dein Bild trocknet, solltest du dir die Füße waschen.

AKTIONSIDEE

Bieten Sie doch diese Kreativeinheit an verschiedenen Tagen mit ganz unterschiedlicher Musik an. Die Tanzbilder werden sich in Muster und Farbe stark unterscheiden! Besprechen Sie die ungewöhnlichen Gemälde abschließend mit den kleinen Tänzern. Das Malen mit den Füßen bietet neue **haptische Erfahrungen**. Die Kinder üben, genau hinzuhören, und Musik in Bewegung zu übersetzen. Das Tanzen schult den Gleichgewichtssinn, spielerisch werden **Motorik** und **Feinmotorik** (Fußkoordination) trainiert.

SINNE • 19

Leckerschmecker

Apfelgelee kochen

MATERIAL
- ✔ 5 sterilisierte Marmeladengläser
- ✔ 1 l Apfelsaft, naturtrüb
- ✔ 500 g Gelierzucker 2:1
- ✔ Kochtopf
- ✔ Schneebesen
- ✔ Schöpfkelle
- ✔ Trichter
- ✔ Backblech
- ✔ Motivservietten „Apfel"
- ✔ Etiketten in Gelb und Grün
- ✔ Fingerfarbe in Gelb, Rot und Grün
- ✔ Faserstift
- ✔ Kordel, 5 x 30 cm lang
- ✔ Topftlappen
- ✔ Pappteller

1 Ab an den Herd! Du als Küchenchef darfst den Apfelsaft und den Gelierzucker in einen sauberen Topf einfüllen. Mit einem Schneebesen rührst du um bis der Zucker geschmolzen ist und der Saft kocht.

2 Falls sich Schaum auf der Flüssigkeit gebildet hat, sollten Sie diesen mit einem Schaumlöffel abziehen. Bleiben Sie beim Geleekochen die ganze Zeit aufmerksam, damit sich das Kind nicht aus Versehen am heißen Saft verbrüht.

3 Stelle die Marmeladengläser auf dem Backblech bereit. Fülle die heiße Flüssigkeit ganz vorsichtig mit dem Schöpflöffel durch einen Trichter in das Glas.

4 Nehmen Sie Topflappen zur Hilfe und verschrauben Sie die Gläser. Stellen Sie diese kopfüber zum Abkühlen beiseite.

5 Bereiten Sie einen Pappteller mit roter und grüner Fingerfarbe vor.

6 Während dein Apfelgelee abkühlt, gestaltest du die Etiketten. Du tippst deinen Finger zuerst in die rote und anschließend die andere Fingerseite in die grüne Fingerfarbe. Nun ist dein Finger zweifarbig. Stemple mit diesem auf die Schildchen.

7 Wenn die Fingertupfen getrocknet sind, malst du jedem Fingertupfenäpfelchen einen Stiel.

ab 5 Jahren   30 min

8 Beschriften Sie das Apfelgelee – Datum und Kindernamen nicht vergessen! Kleben Sie das Etikett mittig auf das Marmeladenglas. Dann legen Sie die Apfelserviette über den Deckel und fixieren sie mit einem Stückchen Kordel.

AKTIONSIDEE

Das so hergestellte Apfelgelee lässt sich auch in großen Mengen für einen Bazar einkochen. Die ersten Erfahrungen in der Küche verdeutlichen den Wert von Nahrungsmitteln und den Zeitaufwand von Nahrungsproduktion. Der **Geschmackssinn** wird angeregt und die **Feinmotorik** unterstützt. Außerdem sind die kleinen Köche natürlich sehr stolz auf ihr erstes Produkt! Lassen Sie die Kinder im Alltag immer wieder in der Küche nicht nur helfen sondern auch kleine eigene Projekte verwirklichen: Plätzchen oder Obstquark sind beliebte Anfängergerichte.

SINNE • 21

Wo der Pfeffer wächst

Gewürze kennenlernen

AKTIONSIDEE

Die bewussten Sinneswahrnehmungen (**Sehen, Tasten, Riechen, Schmecken**), die bei diesen Duftsäckchen im Vordergrund stehen und das Wahrnehmen von Veränderungen machen großen Spaß. Unterstützen Sie doch zudem das Weltverständnis, indem Sie bei jedem Gewürz auf einer Weltkarte zeigen, wo es angebaut wurde.

MATERIAL

- Gewürze (Pfefferkörner, Kümmel, Koriander, getrocknete Chilischoten und Vanille)
- Mühle (Kaffeemühle, Gewürzmühle oder Mörser)
- Geschenkpapier, zweifarbig
- Zellophanbeutelchen
- Goldfolienrest
- Motivstanzer „Stern" und „Baum", ø 1,3 cm
- Klebstoff
- Wollreste
- Nähnadel mit großem Öhr

ab 3 Jahren 30 min

1 Lassen Sie das Kind die Gewürze mit allen Sinnen wahrnehmen. Man kann sie schmecken, an ihnen schnuppern, die Farbe beschreiben, hineinfassen und hören, wie sie rieseln.

2 Mahlen Sie die Gewürze gemeinsam mit unterschiedlichen Mühlen, jede Mühle ergibt ein anderes Ergebnis und lässt den Mahlvorgang anders erleben. Geben Sie die gemahlenen Gewürze in kleine Zellophantütchen, damit das Aroma erhalten bleibt.

3 Nun werden die Verpackungstütchen hergestellt: Schneiden Sie für Ihren kleinen Gewürzhändler aus dem Geschenkpapier Rechtecke (15 cm x 16,5 cm) zu.

4 Falte eine Spitztüte: Einen schmalen Rand falten, dann die untere Ecke einknicken. Fixiere die Tüte mit Klebstoff.

5 Gestalte die Geschenktütchen je nach Jahreszeit oder Festanlass. Beispielsweise kannst du aus dem Goldfolienrest Sternchen oder Weihnachtsbäume ausstanzen und deine Spitztüte damit bekleben.

6 Drehe aus den Wollresten eine bunte Kordel: Zwei Wollfäden miteinander verknoten, an einer Türklinke einhaken und solange verzwirbeln, bis die Fäden zusammenhüpfen möchten. Die Schnur in der Mitte greifen und zu einer langen Kordel schnappen lassen.

7 Falten Sie die Tüte auf, und biegen Sie die Spitze nach vorne um, sodass die Tüte geschlossen wird. Fädeln Sie die Kordel ein und führen Sie diese wie beim Nähen ringsum durch die Tüte. Beginnen Sie rechts vorne bei der Spitze und enden Sie links vorne. Beide Kordelenden können nun auf der Spitze zu einer Schleife gebunden werden und die Tüte so verschließen. Fertig ist ein wunderschönes duftendes Geschenk.

8 Errätst du am Geruch, was in welchem Tütchen ist?

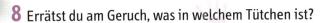

Fingerspitzengefühl
Fühlkästchen-Memo

MATERIAL
- ✔ 16 Origamipapiere, 15 cm x 15 cm
- ✔ Kinderschere
- ✔ Klebestift
- ✔ Bastelkleber
- ✔ Füllmaterial, z.B. Wolle, Filz, Watte, Stroh, Muscheln, Federn, Schleifpapier, Plüsch, Watte, Steine, Zweige
- ✔ lufttrocknende Modelliermasse
- ✔ Wellholz
- ✔ Schneidemesser

FALTSKIZZEN SEITE 10

AKTIONSIDEE

Für jüngere Entdecker kann das Spiel leicht abgewandelt werden: Die Kinder stellen aus ähnlichen Materialien „Familien" zusammen oder sie sortieren die Kästchen nach zunehmender Härte. Woran erinnert das? Die Knirpse ziehen ein beliebiges Kästchen und nennen ein Tier, das dem Kästcheninhalt in Farbe oder Oberfläche ähnlich ist. Mag ich das? Die kleinen Forscher beschreiben, wie sich ein Material anfühlt und ob es angenehm ist. So üben sich die kleinen Hände im **Tasten**. Das Assoziieren und Beschreiben dient der **Sprachförderung**, das Memospiel dem **Gedächtnistraining**.

ab 5 Jahren ➔ 🕐 **30 min**

1 Bereiten Sie zusammen mit Ihrem kleinen Künstler das erste Kästchen vor. Dazu falzen Sie ein Papierquadrat zweimal diagonal und knicken alle Ecken wie bei einem Brief zum Mittelpunkt.

2 Nun wird jede Quadratseite zur Mittelfalzlinie geknickt und die Arbeit bis zum Brief wieder geöffnet. Schneiden Sie mit der Kinderschere den Brief, wie in der Zeichnung angegeben, viermal ein und bauen das Kästchen zusammen.

3 Fixieren Sie die Ecken mit etwas Klebestift am Kästchenboden. Auf dieselbe Weise stellen Sie alle übrigen 15 Kästchen her. Anleitungsskizzen finden Sie auf Seite 10.

4 Jetzt bist du gefragt: Fülle in immer zwei Kästchen die gleichen Materialien ein, z. B. Federn, Filz, Watte, Wolle, Steinchen oder Zweige. Klebe sie mit Bastelkleber fest.

5 Für die Befestigung von Muscheln schneidest du aus einer Lage lufttrocknender Modelliermasse ein passendes Quadrat aus und drückst die Muscheln hinein.

6 Bei diesem klassischen Memospiel werden alle 16 Kästchen mit der Unterseite nach oben zu einem großem Quadrat ausgelegt. Jedes Kind deckt zwei Kästchen auf, deren Inhalt es ertastet und beschreibt. Dann werden die Kästchen wieder umgedreht und das nächste Kind versucht sein Glück. Ziel ist es, sich zu merken, wo Paare versteckt sind und sie aufzudecken. Gefundene Paare dürfen behalten werden. Sieger ist, wer am Ende die meisten Kästchen besitzt.

SINNE • 25

Klangfarbe
Tonhöhe in Farbe übersetzen

MATERIAL
- ✔ 5 gleiche, einfache, dünnwandige Trinkgläser, hier ø 7,5 cm, 9 cm hoch
- ✔ stark färbendes Faltpapier in Gelb, Rot, Orange und Violett, 14 cm x 14 cm
- ✔ Leitungswasser
- ✔ Teller
- ✔ Messbecher
- ✔ Löffel
- ✔ Gabel

AKTIONSIDEE

Wahrscheinlich macht dieses Klangexperiment Lust aufs Musizieren. Lesen Sie doch eine Geschichte vor und verteilen Sie Stichworte. Auf ein bestimmtes Wort hin fangen alle Kinder an zu rasseln, zu klopfen oder zu klingeln. „Klangfarben" dient dazu, verschiedene Tonhöhen zu unterscheiden **(Hören)**, erste **Maßeinheiten** zu verstehen (voll, dreiviertelvoll, halbvoll, viertelvoll und leer) und das bewusste Zuordnen von **Farbwerten** (heller/dunkler) zu üben.

ab 4 Jahren → 🕒 15 min

1 Stellen Sie die Wassergläser nebeneinander.

2 Jetzt kannst du die Gläser mit Leitungswasser füllen: Das erste Glas ganz voll, das nächste dreiviertelvoll, das übernächste halbvoll und das vierte viertelvoll einschenken, das letzte Glas bleibt leer.

3 Schlagen Sie mit einem Löffelstil sanft die Gläser nacheinander an. Dann darf das Kind die Gläser anschlagen.

4 Probiere aus, welches Glas den tiefsten und welches den höchsten Ton gibt, wenn du mit dem Löffelstiel an den Glasrand schlägst. Sortiere die Gläser so, dass der höchste Ton ganz rechts ist und der tiefste Ton ganz links.

5 Legen Sie Ihrem kleinen Musikanten die verschiedenfarbigen Papiere hin und überlegen Sie mit ihm, welche Farbe zu welcher Tonhöhe passen würde.

6 Ist die Reihenfolge festgelegt, knüllst du das Papier und gibst es in das jeweilige Glas. Das Papier gibt die Farbe an das Wasser ab.

7 Nach ungefähr einer Minute kannst du das Papier mit der Gabel wieder herausholen und auf einem Teller ablegen. Jetzt darfst du noch mal die „Farbklänge" klingen lassen. Nicht nur der Löffelstiel bringt die Gläser zum Klingen! Wenn du mit einem angefeuchteten Finger am Glasrand entlangfährst, beginnt dein Glas zu „singen".

SINNE • 27

Kuschelweich
Tröstender Schmusehase

MATERIAL
- ✔ Frotteewaschhandschuh, ca. 14 cm x 19 cm
- ✔ Wollreste in passender Farbe, je ca. 30 cm lang
- ✔ Knöpfe, ø 1 cm
- ✔ Filzreste
- ✔ Textilmalstift in Schwarz
- ✔ Textilklebstoff
- ✔ Bleistift

Elterntipp:
Wählen Sie Materialien, die auch mal eine Handwäsche aushalten, da der Trosthase bei seinen Aufgaben ab und zu schmulzig wird.

ab 3 Jahren ➡ 🕐 30 min

1 Überlege dir, wie und aus welchem Material du die Augen, Ohren und den Mund gestalten willst.

2 Halten Sie die rechte und später die linke Ecke des geschlossenen Waschlappens fest und lassen Sie diese das Kind mit einem Wollfaden fest umwickeln und zuknoten. Gegebenenfalls dem Kind dabei helfen.

3 Wenn du etwas aus Filz ausschneiden möchtest, malst du es am besten vorher mit Bleistift auf den Filz auf. Wenn du Knöpfe aufnähen willst, lässt du dir von einem Erwachsenen dabei helfen.

AKTIONSIDEE

Sie fördern mit einem Streicheltier das **Sozialverhalten**, die **emotionale Kompetenz** und die **Feinmotorik** Ihres Kindes: Wenn ein Kind traurig ist, kommt der Trosthase, um zu trösten. Dabei wird die Hand in die Innenseite des Hasen geführt. Trösten und streicheln können Kinder und Erwachsene. Schön ist dazu auch das Lied vom Häschen in der Grube.

SINNE • 29

Feinmotorik

Klar, kann ich das!

Meine Tochter kam eines Tages verärgert und sichtlich schmollend aus der Schule. Sie öffnete ihre Erstklässlerschulmappe, zog die Federtasche heraus, entnahm den Füller und warf ihn einfach in den Mülleimer. Ich war entsetzt – der teure Füller! Ihr schien es nichts auszumachen, das neue Schreibgerät losgeworden zu sein. Sie wolle auch einen Wunderstift haben wie alle anderen Schüler, sagte sie bestimmt. Ich nahm den Füller aus dem Mülleimer und drehte ihn ratlos hin und her. Ich fragte sie, was die Wunderstifte der anderen Kinder den machen würden. Die Antwort kam prompt: „Schöne Wellen." „Und was macht dein Füller?", wollte ich wissen. „Nur Krickelkrakel", antwortete sie verächtlich. Jetzt lag das Problem auf der Hand, ja sogar in doppeltem Sinne „in der Hand". Sie hatte noch anfängliche Schwierigkeiten mit der Stiftführung und beneidete ihre Mitschülerinnen um deren schöne Schrift. Das bereitete ihr in fast jeder Schulstunde Kummer.

Übung macht den Meister

Die feinmotorischen Fähigkeiten sind in der Schule das A und O. Doch es sind nicht seitenweise Schönschreibübungen, die zum Erfolg führen. Der frühzeitige, freudvolle Umgang mit vielfältigem Bastelmaterial, mit Scheren, Stiften, Klebstoff, Pappen, Papier, Schablonen, Fäden, Kindernadeln, selbstgemachten Webrahmen, mit Stoffen oder Wolle hilft später beim Erlernen des Schreibvorgangs. Wie sich ein Werkzeug anfühlt, wie das Kind es genau halten muss, um das gewünschte Ergebnis erzielen zu können, das lernt es beim Basteln und Handarbeiten ganz nebenbei. Fortgeschrittene Bastler üben beispielsweise den Umgang mit Stift und Lineal. Geschicklichkeit kann so spielerisch erlernt werden.

Zielen... und durch!

FEINMOTORIK • 31

Zauberstern
Erstes Falten

MATERIAL
- 8 Origamipapiere in allen Regenbogenfarben, 10 cm x 10 cm
- Klebestift

ZUSÄTZLICH FÜR FALTER UND EISTÜTE
- Tonkarton, A4
- Kinderschere

ab 4 Jahren 40 min

Stern

1 Falte ein Papierquadrat diagonal zum Dreieck. Wieder aufklappen und die linke und rechte Ecke zur Mittellinie falzen: Das ist die Grundform, ein Herbstdrache.

2 Falte aus sieben weiteren farbigen Quadraten ebenfalls Drachen.

3 Klebe sieben Drachen kreisförmig so zusammen, dass die schmalen Spitzen nach außen zeigen.

4 Helfen Sie dem kleinem Faltkünstler, den letzten Drachen zu fixieren. Der Schlussdrache wird zur Hälfte über dem Stern, zur anderen Hälfte unter dem Stern angeklebt.

5 Wenn du magst, kannst du auf der Rückseite alle losen Stellen noch mit einem Klebestift fixieren.

AKTIONSIDEE

Der Stern kann auch sehr gut von einer achtköpfigen Kindergruppe gemeinsam gebastelt werden. Jedes Kind stellt nur einen Drachen her und ein Erwachsener verbindet alle Teile. Dann darf jedes Kind noch ein kleines Foto von sich auf seinen Teil aufkleben. Förderbereiche sind bei diesem Modell **Konzentration, Ausdauer, logisches Denken, die Auge-Hand-Koordination** und die **Feinmotorik**.

FEINMOTORIK • 33

Freche Früchtchen

Leckereien auffädeln

MATERIAL
- Tüte Fruchtsaft-Gummifrüchte
- Faden, 70 cm lang
- Nähnadel
- Apfel
- Erdbeeren
- Weintrauben
- Obstmesser

ab 3 Jahren — 15 min

1 Du solltest dein frisches Obst zuerst waschen. Lass dir eventuell von einem Erwachsenen helfen, den Apfel zu achteln und das Kerngehäuse zu entfernen.

2 Schneiden Sie ein langes Stück Faden ab und zeigen Sie dem Kind die Nadelspitze, damit es weiß, dass es vorsichtig im Umgang mit Nadeln sein sollte.

3 Zuerst muss der Faden eingefädelt werden. Dann kannst du das Obst und die Süßigkeiten auffädeln.

4 Wenn die Kette lang genug ist, verschließt du sie mit einem festen Knoten. Teste mal: Kannst du mit geschlossenen Augen erschmecken oder ertasten, was du als nächstes naschen wirst?

AKTIONSIDEE

Diese hübsche Kette unterstützt die **Feinmotorik,** das **Schmecken** und die **Konzentration**. Natürlich sind viele verschiedene Varianten denkbar: Ketten, die nur aus Obst gefädelt werden oder in denen Fruchtgummitiere als Anhänger eingebaut werden... Lassen Sie die kleinen „Goldschmiede" doch nach dem Fädeln auf dem Laufsteg ihre Kreationen präsentieren. Auf geht's zur Modenschau der frechen Früchte!

FEINMOTORIK • 35

Konzentration!
Kniffliges Geduldsspiel

AKTIONSIDEE

Das Thema eignet sich gut für Klebe- und Drucktechniken. Mit dem Geduldsspiel lassen sich auch andere Sachen machen, z.B. Musik! Oder Sie animieren die Kinder dazu, aus mehreren Kästchen einen Turm oder einen Kreis zu legen. Der Umgang mit dem Locher, das erste Falten und das sorgfältige Ausmalen unterstützen die **Ausdauer**, die **Feinmotorik**, die **Phantasie** und die **räumliche Vorstellungskraft**.

MATERIAL
- festes weißes Papier, A4
- Tonpapier in Rot, A4
- Kinderschere, Bleistift
- weißer Karton
- Bürolocher
- Bunt- und Filzstifte
- Klebestift
- Lineal
- 3 Perlen, ø 0,9 mm
- 3 Perlen, ø 0,7 mm
- Dekomaterial (Sterne, Glitter, Motivstanzer und Metallfolie)
- Nadel und Faden

FALTSKIZZEN SEITE 10

ab 5 Jahren → 🕐 40 min

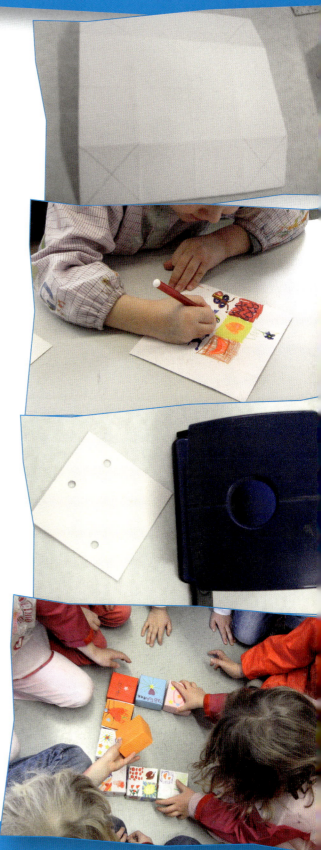

1 Auf Seite 10 wird der Kästchen-Bau detailliert erläutert. Schneiden Sie das A4-Papier zu einem Papierquadrat zurecht.

2 Das Quadrat wird zweimal diagonal gefaltet. Falzen Sie wie bei einem Briefumschlag alle vier Ecken zur Mitte. Jede Seite wird zur Mittellinie geknickt: Es zeigen sich 16 kleine Quadrate. Wenden Sie die Arbeit – diese Seite wird bemalt. Streichen Sie die vier Eckquadrate durch, die nicht gestaltet werden müssen.

3 Nun geht es ans Bemalen: Fange außen an und wende die Arbeit immer nach zwei Kästchen, so dass alles richtig herum steht. Am Schluss kannst du noch das große Quadrat in der Mitte mit schönen Mustern bemalen.

4 Zeichnen Sie dem Künstlerknirps die Einschnittstellen mit gelbem Filzstift vor.

5 Schneide deinen Bauplan entlang der vorgezeichneten Linien genau viermal ein.

6 Baue den Schachteldeckel mithilfe eines Erwachsenen zusammen. Wenn du magst, beklebst du deinen Deckel noch mit ausgestanzten Sternen und Herzen. Stellen Sie zusammen mit Ihrem Kind aus farbigem Tonpapier ein zweites Kästchen her: Das wird der Schachtelboden.

7 Schneiden Sie aus dem weißen Karton ein 7,2 cm x 7,2 cm großes Quadrat aus. Lochen Sie es zusammen mit Ihrem Bastelzwerg dreimal.

8 Überlege dir ein passendes Motiv für die Löcher, z. B. Blumen, ein Auto oder ein Gesicht, und male es auf.

9 Inzwischen nähen Sie am Deckel zur Zierde drei rote Perlen an.

10 Lege dein Bild in die rote Schachtel und fülle drei kleine Perlen ein. Du hast gewonnen, wenn alle Löcher mit Perlen gefüllt sind.

FEINMOTORIK • 37

Chic!

Weben mit Papier

MATERIAL
- ✔ Tonkarton in Orange, A4
- ✔ Faltblätter aus Plakatpapier 65 g/m², 10 cm x 10 cm (alternativ Flechtstreifen in Lieblingsfarben)
- ✔ Papierwebnadel
- ✔ Kinderschere
- ✔ Bleistift
- ✔ Geodreieck®
- ✔ Cutter
- ✔ Schneideunterlage
- ✔ Klebestift
- ✔ dicker und dünner Filzstift in Schwarz

VORLAGE SEITE 132

AKTIONSIDEE

Zum Einstieg empfiehlt es sich, an einem kleineren Stück zu üben. Die Webarbeiten lassen sich leicht zu Kerzen, Häuschen oder Körbchen weiter gestalten. Überlassen Sie den Kindern, ob sie fehlende Teile dazumalen oder aus Buntpapier ausschneiden möchten. So entstehen schnell schöne Grußkarten zu Weihnachten, zum Muttertag oder zu Ostern. **Feinmotorik, Ausdauer, Konzentration** und **Sorgfalt** werden gefördert, aber auch die Lust, mit Farbkontrasten zu experimentieren.

38 • FEINMOTORIK

ab 4 Jahren ⏰ 55 min

1 Flechtstreifen kann man fertig kaufen oder selber machen: Schneiden Sie von verschiedenfarbigen Faltblättern einige 1 cm breite Streifen mit dem Cutter ab.

2 Ritzen Sie den orangefarbenen Tonkarton wie in der Abbildung angegeben achtmal mit dem Cutter ein. Nehmen Sie dabei das Geodreieck® zu Hilfe. Achten Sie darauf, dass die Schnitte durchgehend sind. Notfalls schneiden Sie noch einmal nach.

3 Fädeln Sie die ersten drei Streifen zusammen mit dem kleinen Künstler ein, sodass er das Prinzip erkennt.

4 Webe nun selbst einen Streifen nach dem anderen abwechselnd unten und oben durch die Ritzen, bis das Kleid ganz gefüllt ist.

5 Klebe unten und oben noch einen breiten und einen dünnen Streifen als Abschluss des Kleides auf. Den breiten Streifen kannst du wellig einschneiden.

6 Schneide nach der Vorlage den Kopf, die Hände und die Schuhe aus und klebe den Kopf mit Schulter oberhalb des Kleides an. Aus jeweils zwei dünnen Farbstreifen Arme aufkleben und mit den Händen ergänzen.

7 Male der Afrikanerin mit Fineliner ein Gesicht auf. Der Mund ist aus rotem Papier herzförmig ausgeschnitten. Zeichne mit dem dicken schwarzen Filzstift die Löckchen.

8 Nun noch eine schicke Kappe und die Füße aufkleben – schon kann die Afrikanerin in ihrem schicken Kleid zum Tanzen gehen!

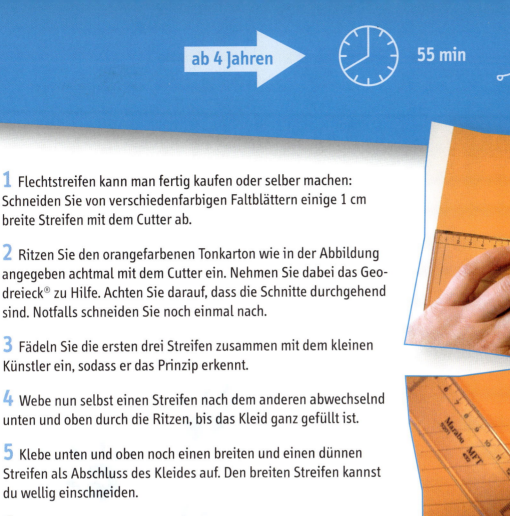

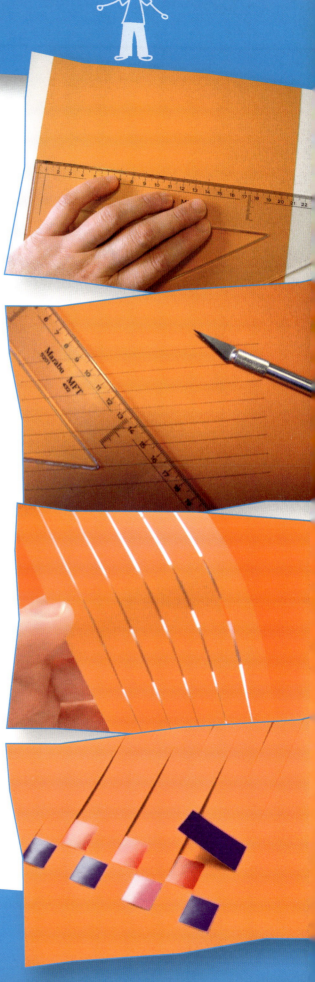

Manege frei!
Fangbecher für Ballkünstler

MATERIAL
- Plastikbecher, ø 7,5 cm, 9 cm hoch
- Tonpapierreste in Lieblingsfarben
- Holzkugel, ø 2 cm
- starkes Garn, 25 cm lang
- Stopfnadel
- Tapetenkleister
- mittlerer Borstenpinsel
- Materialschale

AKTIONSIDEE
Stellen wir uns doch mal vor, wir wären im Zirkus: Die Becherjonglage ist die große Sensation! Wer genug geübt hat, tritt in die Mitte und führt sein Kunststück vor. Anschließend dürfen alle applaudieren! So fördern Sie **Geschicklichkeit**, **Feinmotorik** und **Konzentration**.

40 • FEINMOTORIK

 **30 min**

1 Suche dir Tonpapierreste in verschiedenen Farben aus. Reiße sie in kleine Stücke und bewahre sie in deiner Materialschale auf.

2 Streiche den Plastikbecher immer ein Stück weit mit Kleister ein und klebe die Papierstücke dicht auf. Wenn der Becher fertig beklebt ist, streichst du die Oberfläche noch einmal mit Kleister ein. Lasse den Becher trocknen.

3 Fädeln Sie ein Stück Garn auf die Nadel. Stechen Sie die Nadel am Becherrand durch, ziehen das Garn hindurch und verknoten es am Becherrand.

4 Lassen Sie das Kind die Kugel aufstecken und durchfädeln. Verknoten Sie dann das Garn an der Holzkugel.

5 Versuche, die Holzkugel in den Becher zu schnalzen, indem du nur den Becher bewegst. Das ist gar nicht so einfach!

FEINMOTORIK • 41

Farbenfroh

Erstes Nähen und Sticken

MATERIAL
- Bastelfilzreste in Weiß, Lila, Rot, Gelb und Ultramarinblau
- Holzperlen in Blau, ø 1 cm
- Holzperle in Grün, ø 8 mm
- Holzperlen in Rot, ø 5 mm
- Kunststoffknöpfe, ø 15 mm
- Kindernähnadel mit kleinem Nadelöhr
- Sticktwist in Weiß und Rot dreifädig
- Perlgarn in Rot

VORLAGE SEITE 136

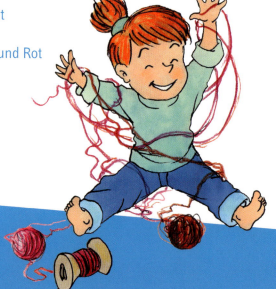

42 • FEINMOTORIK

ab 4 Jahren ➔ 🕐 30 min

1 Suche dir einen Bastelfilzrest in deiner Lieblingsfarbe aus. Male nun die Eiform von der Vorlagenseite auf den Bastelfilz auf und schneide sie aus. Kreise sind aber genauso schön.

2 Schneide drei schmale Streifen aus andersfarbigem Filz. Diese Streifen kannst du auch in kleinen Wellen zuschneiden.

3 Lege jeweils einen Streifen auf das Ei und nähe diesen mit dem Vor- oder Steppstich auf. Dazwischen kannst du immer wieder eine Holzperle oder einen Knopf mit einnähen.

4 Am Ende vernähst du deinen Stickfaden auf der Rückseite, indem du diesen unter deinen Nähstichen hindurch ziehst.

5 Sollte der Filzstreifen seitlich überstehen, schneidest du ihn nach dem Aufnähen zurecht. Schmücke mit deinem Filzei ein Fenster oder den Osterstrauß.

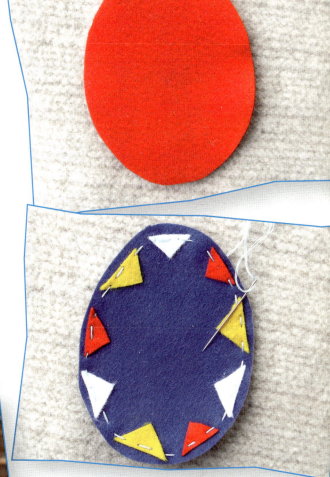

AKTIONSIDEE

Erstes textiles Arbeiten, speziell **erstes Nähen und Sticken**, trainiert die **Feinmotorik**. Zugleich wird die Grundform Ei oder Kreis kennengelernt und die Ausdauer trainiert. Außerdem ist so ein tolles kunterbuntes Osterei natürlich ein schönes Geschenk für Oma und Opa!

FEINMOTORIK • 43

Konzentration

... lass mich kurz überlegen!

„Zusammen zum Mittelpunkt" – das bedeutet das Wort Konzentration. Die Aufmerksamkeit für das Lösen einer gestellten Aufgabe für eine bestimmte Zeitlang zu bündeln, lässt sich wunderbar mit kleinen Spielen erlernen und trainieren. Noch stärker ist der Förderaspekt, wenn das Kind die Spiele selbst herstellt: Mechanische Geduld- und Knobelspiele, erste Brettspiele, Puzzles, Geschicklichkeitsspiele, aber auch Rätsel und Detektivgeschichten fördern die Konzentrationsfähigkeit. Zugleich legen diese kreativen Förderungen ein solides Fundament für das logische Denken und ein erstes mathematisches Verständnis. Obwohl sich Teile des Gehirns durch diese spielerische Aufgabe fokussieren, können andere währenddessen entspannen. Das Kind lernt fast nebenbei, für längere Zeit ein Ziel zu verfolgen.

Kreative Ordnung

Meine Bewunderung gilt heute noch einer älteren Grundschullehrerin, die eine unruhige Klasse übernahm. Nicht nur, dass sie den Raum von alten Zeichnungen und Materialresten befreite und damit ein übersichtliches und helles Klima schuf, es stand ebenfalls immer ein Kasten Mineralwasser für die Kinder bereit. Schließlich begann sie, mit einzelnen Kindern in der Pause Mikado zu spielen. Es dauerte nicht lange, da spielten die Kinder selbstständig untereinander. Eine andauernde fröhliche Lernatmosphäre war geschaffen, und die Klasse entwickelte sich nach und nach zu einer selbstbewussten leistungsstarken Gruppe.

In der Ruhe liegt die Kraft

Unterschiedliche kreative Aktionen für Kinder mit wenig Ausdauer und andere für Kinder mit einer ausgesprochen großen Geduld sollen eine individuelle Förderung ermöglichen. Auch wenn ein Kind sich vorerst nur kurz konzentrieren kann, bessert sich das mit spielerischer Übung, denn alles lässt sich entwickeln, lässt sich verfeinern und trainieren. Positive Stimmung und ein ruhiges, aufmerksames Umfeld sind dabei unerlässlich.

Punktlandung
Malen mit Wattestäbchen

MATERIAL
- pro Kind 7 Wattestäbchen
- flüssige Temperafarben in Rot, Gelb, Blau, Grün, Orange, Violett und Rosa
- Pappteller
- Papierservietten
- Papier in Weiß, A4 und A5
- Tonpapier in Ultramarinblau, A4
- Kinderschere, Klebestift

VORLAGE SEITE 132+136

AKTIONSIDEE

So trainieren Sie **Ausdauer, Sorgfalt und strukturiertes Arbeiten**: Wählen Sie bei jüngeren oder sehr unruhigen Kindern ein eher kleines Format, das unterstreicht die Kostbarkeit, und die Kinder können besser durchhalten. Stellen Sie ruhige Meditationsmusik an und setzen Sie die Kinder nicht unter Zeitdruck, das unterstützt die **Konzentration**. Ein großes Angebot an Farben schafft den emotionalen Ausgleich für das ausdauernde Arbeiten. Schön ist es, wenn Sie auch Gold oder Silber anbieten. Mehr als sieben Farben brauchen es aber nicht zu sein. Achten Sie darauf, dass die Kinder wirklich die Stäbchen wechseln, wenn Sie eine neue Farbe aufnehmen, so bleibt die Farbe leuchtend. Gestalten Sie aus den vielen Fischen eine große Unterwasserszene.

ab 4 Jahren 60 min

1 Teilen Sie das weiße Blatt in zwei Teile.

2 Bereiten Sie zusammen mit Ihrem kleinen Künstler aus einem der Blätter eine Papierschablone vor. Gut eignen sich ganz einfache Formen wie Fisch, Schildkröte, Herz oder Blume.

3 Der Fischumriss wird auf ein einmal gefalztes A5-Papier gezeichnet und ausgeschnitten.

4 Jetzt klebst du den weißen Fisch auf das farbige Tonpapier.

5 Verteilen Sie zusammen mit dem Künstlerknirps die Farben auf den Papptellern.

6 Tauche jedes Wattestäbchen in eine andere Farbe und lege alle Stäbchen auf eine Papierserviette.

7 Verziere deinen Fisch mit Streifen und Wellenlinien aus Punkten. Je langsamer und sorgfältiger du arbeitest, desto schöner wird das Ergebnis.

Fang die Maus!
Reaktionsspiel

MATERIAL
- 5 Walnussschalenhälften
- Filzreste in Blau, Hellgrün, Pink, Gelb und Rot
- 5 Pompons in Rot, ø 1 cm
- Wollreste in Blau, Hellgrün, Pink, Gelb und Rot
- Filz in Orange, steif, ø ca. 14 cm
- Fimo® in Grün
- Plastikbecher, ø ca. 8 cm
- Permanentmarker in Schwarz
- Alleskleber
- Untertasse

ab 4 Jahren → ⏱ 30 min

1 Schneide für die Ohren zwei gleichfarbige kleine Kreise aus Filz aus. Schneide die Kreise jeweils bis zur Mitte ein und klebe die Schnittstellen etwas übereinander.

2 Klebe den Pompon als Nase auf die Walnussschale. Male mit dem schwarzen Stift die Augen und den Mund auf. Danach werden die Ohren mit Alleskleber aufgeklebt.

3 Klebe ein Stück Wolle auf der Innenseite der Walnussschale als Schwanz fest. Lasse den Klebstoff trocknen. Knete ein Stückchen Fimo® weich und drücke es ganz fest auf die Stelle, auf der du den Schwanz aufgeklebt hast.

4 Machen Sie einen kleinen Knoten ans Schwanzende, damit die Wolle nicht ausfranst. Geben Sie die fertigen Mäuse in den Backofen und lassen Sie diese nach Vorschrift härten. Dies ist notwendig, da sonst beim Spiel die Schwänze gleich ausgerissen werden.

5 Umfahre eine Untertasse mit Bleistift auf dem steifen Filz und schneide den entstandenen Kreis aus.

AKTIONSIDEE

Während das Basteln die **Feinmotorik** fördert, trainiert das Spiel **Reaktionsvermögen** und **Konzentration**: Jedes Kind legt seine Maus mit der Schnauze zur Mitte auf die Filzscheibe. Die Kinder halten ihre Maus am ausgestreckten Schwanzende fest. Ein Kind ist die Becherkatze und versucht, mit dem Becher eine oder mehrere Mäuse zu fangen, indem es ganz schnell den Becher auf die Mäuse stürzt. Die „Mäusekinder" ziehen dann ganz schnell ihre Maus von der Scheibe. Dabei kann das fangende Kind „Hier kommt die Katze" rufen. Erst bei „Katze" darf der Becher auf den Filz knallen.

KONZENTRATION • 49

Im Dunkeln funkeln

Nachtlichter mit Transparent-FIMO®

Streifentechnik

1 Rolle aus jeweils zwei FIMO®-Strängen lange Röllchen. Lege dein erstes Röllchen probeweise um das Gefäß, um zu prüfen, ob es lang genug ist.

2 Stelle dir nun aus den übrigen Farben passende dünne Röllchen her.

MATERIAL
- Transparent-FIMO® in Rot, Orange, Gelb, Grün, Blau und Violett
- Brettchen oder Glasplatte
- leere, gereinigte Marmeladengläser oder Windlichter
- evtl. Wellholz

ab 3 Jahren → 🕐 40 min

3 Lege dein erstes Röllchen unten um das Glas und drücke es ringsherum gut an. Es erleichtert die Arbeit, wenn du die Röllchen vorher mit dem Wellholz zu Bändern auswalzst.

4 Verstreiche die Ansatzstellen aller Farben gut miteinander, sodass du nichts mehr vom Gläschen siehst.

5 Wenn du magst, verzierst du den Boden mit einer Sonne. Drücke dafür eine gelbe Kugel flach. Strahlen aus dünnen Röllchen hinzufügen und die Zwischenräume mit blauen „Himmelskügelchen" ausfüllen.

6 Bei 110 Grad 30 Minuten lang im Ofen backen und abkühlen lassen.

Punktetechnik

1 Rolle dir aus allen möglichen Farben verschieden große Kügelchen.

2 Verteile z. B. zuerst alle roten, dann alle orangefarbenen und gelben Kügelchen.

3 Fülle die Zwischenräume mit blauen, violetten und grünen Flecken aus.

4 Du kannst auch zwei Farben locker miteinander verkneten oder verzwirbeln, zu einer Rolle formen und davon Kügelchen herstellen: Das ergibt bunte Flecken.

5 Du bist fertig, wenn das ganze Gläschen rundherum mit Fimo® gleichmäßig bedeckt ist.

6 Bei 110 Grad 30 Minuten im Ofen backen und abkühlen lassen.

> **AKTIONSIDEE**
>
> Das kleine Windlicht ist ein schönes Nachtlicht. Wenn viele Kinder mitmodelliert haben, bietet es sich an, mit den kleinen bunten Lichtern den Eingangsbereich oder die Treppe als Lichtermeer zu dekorieren. So zaubern Sie beispielsweise bei einem Herbstfest schnell eine behagliche Stimmung. Das räumliche, allansichtige Gestalten bedient die Förderbereiche **Ausdauer, Konzentration, Feinmotorik** (Pinzettengriff) und die **räumliche Vorstellungskraft**.

KONZENTRATION • 51

Angemessen

Ein Maßstab aus Holz

MATERIAL
- ✔ Holzleiste, 30 cm lang
- ✔ Schmirgelpapier, fein
- ✔ Handfeile, 20 cm lang
- ✔ evtl. kleine Schraubzwinge
- ✔ Lineal, 30 cm lang
- ✔ Bleistift
- ✔ Filzstift in Rot, Grün und Schwarz

AKTIONSIDEE

Sie möchten einen ganzen Bautrupp beschäftigen? Bereiten Sie ein Sammelsurium an Messbarem vor. Dann gibt es kleine Aufgaben: Wer findet zuerst eine Schnur, die 10 cm lang ist (einen Zehnerschritt lang)? Wer findet die kleinste Schraube und kann sagen, wie kurz sie ist? So fördern Sie **Konzentrationsvermögen**, Ausdauer und Geduld und vermitteln ein erstes Gefühl für Zahlen und Längen.

1 Besorgen Sie für Ihren Handwerker Holzleisten aus dem Baumarkt, die Sie auf 30 cm kürzen. Das kann natürlich auch der Baumeister versuchen! Fixieren Sie die Leiste dazu mit der Schraubzwinge. Raue Stellen lassen sich mit Schmirgelpapier nacharbeiten.

2 Mit einem Bleistift kannst du die großen Striche von deinem 30 cm Lineal auf deine Leiste übertragen. Das sind die Zentimeterschritte.

3 Mit der Handfeile kerbst du das Holz an jedem Bleistiftstrich ein. Jeweils bei der Zehnermarkierung wird die Fuge über die gesamte Holzleiste gefeilt, damit diese Länge klar erkennbar wird.

4 Mit Filzstiften bemalst du jetzt deinen Maßstab sorgfältig: Die Einerschritte werden schwarz, die Fünferschritte grün und die langen Zehnerschritte rot. Ein Erwachsener kann dir bestimmt ein bisschen assistieren!

5 Jetzt können Sie mit dem kleinen Baumeister allerlei Distanzen abmessen; Schrauben, Bretter und Schnüre bieten sich besonders an.

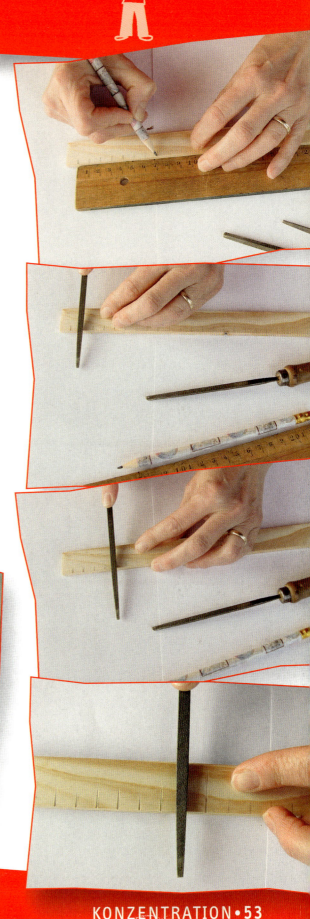

KONZENTRATION • 53

Wissen

Meins heißt „Dreieck"

Das Buchstaben- und Zahleninteresse setzt früh ein. Wenn Kinder sich in einem Schriftumfeld aufhalten, ahmen sie sofort das Schreiben und Lesen nach: Sie füllen geschäftig Formulare in der Post aus, sie greifen sich ein ihnen bekanntes Bilderbuch, um es dem jüngeren Geschwisterchen „vorzulesen", sie üben ihre eigene Unterschrift, auch wenn sie noch keine Buchstaben kennen. Hier können Sie den Kindern entgegenkommen und das Interesse an Schrift, Schriftkultur und Zahlen aufgreifen. Individualisieren Sie zunächst den Wissensprozess. Gehen Sie von den Anfangsbuchstaben der Namen oder dem Alter der Kinder aus. Das ist den Kindern bekannt. In dieses soziale oder individuelle Umfeld setzen Sie dann nach und nach das noch unbekannte Schrift- und Zahlenmaterial. Verbinden Sie Emotionalität mit Wissen, subjektive Erfahrung mit objektiven Kenntnissen. Dieses schrittweise Vorgehen erleichtert den Kindern den Zugang. Später können Sie die Kinder sogar mit fremden oder selbst erfundenen Zeichen experimentieren lassen.

Gekrittel am Gekrakel?

Der Wunsch, eigene Sprachen oder Schriften zu entwickeln, ist in jener Zeit besonders ausgeprägt, in der die Kinder beides erlernen. Loben Sie jedes Zeichen, auch wenn es nicht gleich jenen Buchstaben ähnelt, die Sie für gewöhnlich benutzen. Es geht darum, dass die Kinder Spaß am Schreiben bekommen und nicht Jahre später Angst haben, ein Wort auf das Papier zu bringen, das vielleicht falsch geschrieben sein könnte.

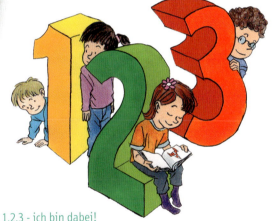

1,2,3 - ich bin dabei!

Wissen ist Macht

Geometrische Grundformen, die räumliche Vorstellungskraft, das Vergleichen von Gewichten oder Längen, all das gehört zum Basiswissen, das einem Weltverständnis zugrunde liegt. Achten Sie darauf, dass das Kind die einzelnen abstrakten Elemente spielerisch zu benennen lernt. So legt sich schon früh die Scheu vor Dreieck, Würfel oder Ypsilon. Sie fördern so in hohem Maße die Entwicklung des abstrakten Denkens und eröffnen den Kindern bereits jetzt den Zugang zum Weltwissen, denn für alles, was später interessant wird, benötigt der Mensch Sprache und Schrift.

L wie Ludwig

Anlaute üben

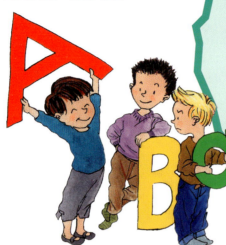

AKTIONSIDEE

So spielerisch fördern Sie das **Hören, phonologisches Bewusstsein,** und die **Feinmotorik:** Achten Sie darauf, dass das Gestaltungsmaterial immer dem Buchstaben entspricht: Wählen Sie beispielsweise Knöpfe für das „K". So kann das Kind den Anlaut selbst ermitteln. Üben Sie mit den Kindern, den Laut zu sprechen und nicht den Buchstaben. Also der Anfangslaut für Lara = „L" nicht „EL" oder für Veronika = „F" nicht „VAU". Sonst wird die Übung zu abstrakt! Nach dem Basteln kann jedes Kind seinen Buchstaben vorstellen. Dann beginnt das gemeinsame Raten: Die Kinder finden anhand der Oberflächengestaltung heraus, welchen Buchstaben die anderen Kinder gemacht haben.

MATERIAL
- ✔ Tonkarton in Lieblingsfarben, A4
- ✔ Fotokartonreste in verschiedenen Farben
- ✔ Knöpfe
- ✔ Wolle
- ✔ Papierschnipsel
- ✔ Farbstifte
- ✔ Stoffreste
- ✔ Federn
- ✔ Alleskleber
- ✔ Bleistift

VORLAGE SEITE 133 + 134

ab 5 Jahren 45 min

1 Fertigen Sie von jedem Buchstaben eine Schablone an.

2 Stellen Sie vielfältige Materialien in kleine Behälter sortiert bereit, außerdem Farbstifte, Fotokartonreste in verschiedenen Farben und Alleskleber.

3 Spreche deinen Vornamen und versuche herauszuhören, mit welchem Buchstaben dein Name beginnt. Sage diesen Laut dem Erwachsenen, der mit dir bastelt.

4 Suchen Sie zusammen mit dem Kind die Schablone des richtigen Anfangsbuchstabens heraus.

5 Wähle ein Stück Fotokarton aus, umfahre den Buchstaben mit Bleistift oder einem Buntstift und schneide ihn aus.

6 Suche aus dem Material etwas heraus, das am Anfang genauso klingt wie der Anfangslaut deines Namens, z. B. Finja – Federn, Filz, Fünf, Fingerfarbe, Fingerdruck, Fische. Gestalte deinen Buchstaben damit.

WISSEN • 57

Einkaufsspass
Geld-Frottage

MATERIAL
- verschiedene Geldmünzen
- Wachskreide oder Buntstifte
- Papier, A4
- dünne Pappe
- Kinderschere
- Klebstoff
- kleine Schachtel

ab 4 Jahren → 🕐 15 min

1 Nimm eine Münze und lege ein Blatt Papier darüber. Ertaste mit deinen Fingern genau, wo sich jetzt die Münze befindet.

2 Halte die Münze gut fest und streiche mit der Wachskreide darüber. Achte darauf, dass die Münze nicht verrutscht.

3 Nimm das Papier weg und lege es an einer anderen Stelle erneut über die Münze. Wechsle immer wieder die Farben und die Münzen. So zauberst du dir viele bunte Rubbelmünzen, mit denen es sich spielen lässt.

4 Klebe dein buntes Münzenpapier auf einen dünnen Karton, lasse es gut trocknen und schneide dann die Münzen alle aus. Jetzt kann das Einkaufen losgehen!

AKTIONSIDEE

Natürlich bieten sich beim Themenbereich „Geld" Rollenspiele an: Kinder üben gerne das Einkaufen in kleinen Kaufläden. Sie können mit einer wilden Rasselbande aber auch einen Banküberfall spielen, nach dem die Beute gezählt werden muss. Bringen Sie hier auch die Namen anderer Währungen ein – vielleicht wurden ja Rubel oder Kronen erbeutet? Die Geld-Frottage unterstützt das Erfassen einer runden Form, **Geduld** und **Konzentration** und je nach Spielidee auch erstes **Zählen**.

WISSEN • 59

Kubismus
Die Welt der Geometrie

MATERIAL
- ✔ Pinnwand
- ✔ Pins
- ✔ Tonpapierreste in Lieblingsfarben
- ✔ Bauklötze in geometrischen Grundformen: Würfel, Quader, Pyramiden und Halbkugeln
- ✔ Kinderschere
- ✔ Buntstift
- ✔ Klebestift

VORLAGE SEITE 138

AKTIONSIDEE

Das Spielen und Basteln mit geometrischen Grundformen unterstützt die **Abstraktion**. Üben Sie die Elemente zu benennen: Dreieck, Kreis, Viertelkreis, Quadrat und Rechteck werden so bald zu Alltagsbegriffen. Versuchen Sie es doch auch mal mit einem Reim oder einem Lied als Eselsbrücke.

 30 min

1 Lege dir nacheinander alle Bauklötze einmal oder mehrfach auf Tonpapierreste und umfahre sie dort so genau wie möglich mit dem Buntstift. Aus dem Würfel gewinnst du ein Quadrat, aus dem Quader ein Rechteck, aus der Pyramide ein Dreieck oder ein anderes Mehreck und aus der Halbkugel einen Kreis.

2 Schneide die geometrischen Grundformen aus.

3 Lege die so entstandenen „Puzzelteile" auf deine Pinnwand. Aus den bunten Elementen lassen sich tolle neue Bilder zusammenstellen, zum Beispiel eine Stadt, ein Schiff oder eine Blume. Wenn das Bild fertig ist, kannst du die einzelnen Teile mit Pins fixieren. Probiere es aus!

WISSEN • 61

Graf Zahl

Erste Zahlen

MATERIAL
- 20 Bogen Tonkarton in verschiedenen Farben, A4
- Klebstoff
- Faserstift
- Korken
- Flaschendeckel
- Acrylfarbe, z. B. in Weiß
- Kinderschere
- Wolle oder Garn

VORLAGE SEITE 135

1 Übertragen Sie die Zahlenvorlagen auf Tonkarton. Schneiden Sie die Zahlen gemeinsam mit dem Kind aus und setzen sie mit Klebstoff auf einen jeweils andersfarbigen Tonkarton.

2 Um die Zahl kennenzulernen, stempelst du mit dem Korken und der Acrylfarbe die Zahlenmenge auf den A4 Karton. Lasse die Acrylfarbe trocknen.

3 Um die Zahlenform zu üben, kannst du sie mit Klebstoff bestreichen und Wollfäden darauf legen, als würdest du die Zahl schreiben. Wenn du magst, kannst du aber auch jede Zahl anders ausgestalten.

AKTIONSIDEE

Veranstalten Sie ein Quiz: Halten Sie eine der **Zahlen** hoch – wer weiß, wie die Zahl heißt? Wer es nicht mehr weiß, zählt einfach die Stempel ab. So kreativ kann man die Zahlen 1-10 kennenlernen!

62 • WISSEN

ab 4 Jahren  20 min

WISSEN • 63

Formvollendet
mit Grundfarben und -formen

MATERIAL
- Transparentpapier in Rot, Gelb und Blau, 14 cm x 14 cm
- Fotokleber
- Zirkel

VORLAGE SEITE 138

AKTIONSIDEE

Veranstalten Sie doch mit den Kindern eine Fernsehtalkshow zur **Farbenlehre:** Welche Farbe entsteht, wenn ich Rot und Gelb übereinanderlege? Oder bei Blau und Gelb? Es können sich auch gerne Experten zu Wort melden und **Formen** erkennen und **benennen** (Quadrat, Rechteck, Kreis, Dreieck) oder Fachbegriffe erläutern (ganz, halb und viertel). So eine Talkshow lässt sich prima filmen!

64 • WISSEN

ab 4 Jahren → 🕐 40 min

1 Fertigen Sie sich für den Kreis mit dem Durchmesser 14 cm und für das Dreieck eine Schablone an. Zeichnen Sie Kreise und Dreiecke auf das Transparentpapier auf.

2 Nimm für die quadratischen Bilder ein Papierquadrat von jeder Farbe. Lege ein Papier von der Unterkante zur Oberkante und falte es. Mache die Faltung wieder auf. Es sind zwei Rechtecke entstanden. Lege das Blatt so hin, dass der Faltknick senkrecht liegt. Falte das Blatt wieder von der Unter- zur Oberkante. Wenn du die Faltung wieder öffnest, siehst du, dass vier kleine Quadrate entstanden sind. Schneide die kleinen Quadrate ab und klebe sie auf die beiden anderen Quadrate so auf, dass jeweils im Wechsel zwei Quadrate eine Farbe haben. Du kannst auch schon die Hälften aufkleben. Ans Fenster fixiert siehst du, dass sich die aufgeklebten Farben mit dem Untergrund zu einer neuen Farbe vermischen. Welche Farben ergeben was?

3 Falte und schneide auch den Kreis erst zur Hälfte und dann zum Viertel wie oben beim Quadrat beschrieben. Klebe die Viertel oder die Hälften auf den anderen Kreis.

4 Beim Dreieck faltest du eine Spitze auf die andere, wenn du zwei Hälften möchtest. Wenn du gleiche Viertel möchtest, falte eine Spitze genau gegenüber auf die Mitte der langen Seite. Fahre mit dem Bleistift die Kanten des jetzt in der Mitte entstandenen, kleinen Dreiecks auf beiden Seiten nach. Öffne die Faltung und schneide die vier kleinen Dreiecke ab. Klebe die Hälften oder die Viertel auf die ganzen Formen auf.

Baumeister
Ziegelsteine herstellen

MATERIAL
- Silikoneiswürfeltabletts
- 1 kg Gips, fein
- Holzlöffel
- Eimer
- Wasser
- Minispatel
- Deckel eines Schuhkartons
- Äste, Moos, Holzstücke, Kieselsteine
- Holzplatte, A3
- Marmeladenglas mit Deckel
- Acrylfarbe

AKTIONSIDEE

Das ist eine Aktion für draußen bei Sommerwetter. Egal, ob jeder ein eigenes kleines Haus oder alle zusammen eine große Burg bauen, halten Sie einen Schlauch oder Wassereimer zum Händeabwaschen bereit! Die kleinen Maurer und Architekten können ihr Gespür für **Statik** und ihr **räumliches Denken** verfeinern und zugleich **Konzentration** und **Feinmotorik** schulen.

 45 min

1 Einen Eimer bis zur Hälfte mit Gips füllen. Mische nach und nach mit dem Holzlöffel Leitungswasser unter. Wer mag, kann Acrylfarbe unter die Gipsmasse mischen.

2 Wenn die Mischung so fest wie Kartoffelbrei ist, kannst du sie in die Eiswürfelformen gießen oder in den Pappdeckel. Die Masse im Deckel schneidest du mit einem Spatel in Ziegelsteinform.

3 Die Ziegelsteine müssen mindestens eine ganze Nacht lang trocknen. Einen kleinen Rest der Masse hebst du in einem Marmeladenglas mit Deckel auf. Den Eimer, den Holzlöffel und deinen Spatel gleich unter Wasser putzen.

4 Während deine Ziegelsteine trocknen, kannst du im Garten Rinde, Äste oder Moos sammeln.

5 Löse vorsichtig die Ziegelsteine aus den Eiswürfelformen. Auf deiner Holzplatte kannst du jetzt ein tolles Haus errichten. Du mauerst, indem du immer einen Stein mittig über zwei andere setzt. Wenn die Ziegel nicht zusammenhalten wollen, beschmierst du sie mit einem Klecks Mörtel aus deinem Marmeladenglas. Wenn dir dein Haus gefällt, dekorierst du es abschließend noch mit Rinde, Moos und Zweigen.

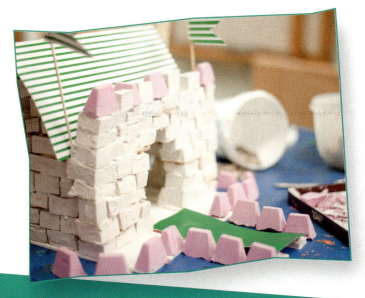

WISSEN • 67

Kreativität

Nicht immer erhält die Kreativität den Stellenwert, der ihr zusteht. Oft werden andere Kompetenzen viel höher eingeschätzt. Doch eigene Stärken zu sensibilisieren, Schöpferkraft herauszubilden, Selbstbestimmung und Selbstbewusstsein zu stärken, das ist wichtig. In der heutigen Welt erneuert sich das Wissen ständig. Um diesen Anforderungen gewachsen zu sein, müssen die zukünftigen Persönlichkeiten flexibel und kreativ sein. Sie brauchen lebensweltliche und nonformelle Fähigkeiten. Anders gesagt, sie müssen über genügend emotionale Kompetenzen verfügen und neue Berufe ansteuern, die wir heute noch gar nicht kennen. Kreativität hilft dabei, neue Wege zu erkennen und bekannte Denkmuster zu verlassen. So werden die Kinder immer mehr zu Gestaltern der Zukunft, ihrer Persönlichkeit und der Umwelt. Auch ästhetische Bewertungen werden immer wichtiger – was ist elegant, spannend, vollkommen, poetisch oder anrührend?

Die Welt ist bunt

Klecksen erlaubt!

Es eignen sich für die Förderung und Ausbildung der Kreativität Modellier- und Maltechniken, die freie und unterschiedliche Ergebnisse entstehen lassen. Ein neues Farbzusammenspiel oder eine ungewohnte Materialzusammensetzung kann dabei behilflich sein. Manchmal sollte man aber auch den Zufall Regie führen lassen. Die verblüffenden Ergebnisse machen einfach großen Spaß!

Kunst ist kein Krempel

Kunst und Spiel erhöhen die Fähigkeit, einen Gegenstand, ein Gefühl oder eine Idee widerzuspiegeln und lösen das gute Gefühl aus, etwas erschaffen zu haben, was den eigenen Vorstellungen entspricht.

Matschen, patschen, modellieren!

KREATIVITÄT • 69

Dicke Fische

Wachsbügeltechnik für Fortgeschrittene

MATERIAL

✔ Transparentpapier, 64g/m², 25 cm x 35 cm
✔ Wachsmalstifte mit hohem Bienenwachsanteil in Rot, Grün, Gelb, Blau, Orange und Violett
✔ Backpapier

✔ Bügeleisen
✔ Zeitungspapier
✔ Kinderschere
✔ Klebstoff
✔ Füllwatte

VORLAGE SEITE 135

AKTIONSIDEE

Lesen Sie den Kindern doch eine Unterwassergeschichte vor – beispielsweise Preußlers „Der kleine Wassermann" oder „Die kleine Meerjungfrau" von Andersen. Dann möchten die kleinen Künstler sicherlich nicht nur Fische sondern auch Kraken und Seepferdchen gestalten. So entsteht schnell ein ganzes Diorama. Zugleich üben sich die Kinder im Umgang mit dem Bügeleisen, der Kinderschere und dem Klebstoff und fördern so ihre **Sorgfalt, Fantasie** und **Kreativität.**

ab 5 Jahre → 🕐 45 min

1 Lege das Blatt so vor dich hin, dass die schmale Seite zu dir zeigt. Falte diese auf die gegenüberliegende Seite und öffne das Blatt wieder.

2 Übertragen Sie die Fischvorlage auf Transparentpapier. Der Fischkörper kann direkt an der Bruchkante angelegt werden. So fällt es dem Kind später leichter, ihn zusammenzukleben

3 Male deinen Fisch knallbunt mit Wachsstiften an und klappe ihn zusammen

4 Legen Sie ein Stück Backpapier auf den Fisch, eine dicke Lage Zeitungspapier darunter und bügeln Sie solange darüber, bis alle Farben verschmolzen sind.

5 Schneide beide Fischformen aus.

6 Klebe die Fischteile an einer Seite zusammen und lasse den Klebstoff etwas antrocknen. Stopfe dann deinen Fisch vorsichtig mit kleinen Stückchen Füllwatte aus. Das machst du solange bis dein Fisch ganz geschlossen ist. Der kleine Fisch muss etwas trocknen, dann kann dein Fischlein mit dir spielen oder deinen Garderobenhaken verzieren.

KREATIVITÄT • 71

Gipstütenmonster
Modellieren in der Tüte

MATERIAL
- 1,5 l Gefrierbeutel
- Haushaltsgummi
- Leitungswasser
- 1 kg Gips, fein
- Acrylfarben in Gelb, Blau und Rot
- Borstenpinsel
- Holzbrett als Unterlage
- Haarspray oder Klarlack

AKTIONSIDEE

Modellieren ist eine besonders kreative Sache! Der Umgang mit Farbe verstärkt dabei den Spaßfaktor noch. Wer möchte, kann sogar das getrocknete Monster noch mit Raspeln und Feilen nachbearbeiten. So wird die **räumliche Vorstellungskraft** angesprochen. Die Monster sind tolle Tür- oder Fensterstopper oder können als Briefbeschwerer auf einem Schreibtisch sitzen. Als Gartenzwergersatz können die Monster auch im Grünen sitzen – dann sollten sie allerdings mit Klarlack besprüht werden.

1 Fülle deine Tüte zur Hälfte mit Gips. Wenn du ein farbiges Monster möchtest, dann tropfe etwas Farbe in dein Mischwasser.

2 Füllen Sie vorsichtig etwas Wasser in den Beutel. Verschließen Sie ihn so, dass ein Vakuum im Inneren herrscht. Wer möchte, gibt Papierschnipsel dazu.

3 Jetzt kannst du deinen Gefrierbeutel ordentlich durchkneten! Lasse den Beutel anschließend über Nacht ruhen.

4 Wenn der Brei in der Tüte langsam fest wird kannst du damit beginnen, ihn zu formen, bis er wie ein Monster aussieht. Wenn dir die Form gefällt, lässt du den Monsterklumpen mindestens zwei Tage lang trocknen.

5 Ziehe die Tüte von deinem Monster ab. Wenn du möchtest, kannst du es jetzt noch nach Herzenslust bemalen. Wenn es oben noch feucht sein sollte, kannst du dem Monster ein paar abgeschnittene Trinkhalme oder Zweige als Hörner oder Haare einstecken.

6 Wenn du ganz fertig bist und nichts mehr am Monster verändern möchtest, besprühst du es rundherum mit Haarspray (Wenn Sie Klarlack verwenden, sollten Sie das übernehmen!).

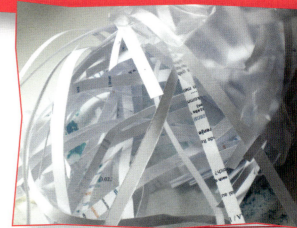

KREATIVITÄT • 73

Dreckspatz!
Tuscheauswaschtechnik

AKTIONSIDEE

Die Tuscheauswaschtechnik bewegt sich im Grenzgebiet zum Experimentieren. Neben der **Feinmotorik** werden allerdings auch künstlerischer Mut und **Fantasie** angeregt. Sie passt auch zu anderen Motiven, z. B. zur Pechmarie aus „Frau Holle", zum „hässlichen Entlein", zu einem Schornsteinfeger, einem Räuber oder zu einer Hexe. Lassen Sie die Kinder doch noch mehr Motivideen sammeln.

MATERIAL
- Zeichenpapier, A4, 170 g/m²
- Wachsmalkreiden
- Kinderschere
- breiter Haarpinsel
- Tusche in Schwarz oder Dunkelbraun
- Farbiger Tonkarton in Blau, A4
- Tonpapier in Grün, A4
- Kreppklebeband
- Küchenpapiertücher und Zeitung
- Klebstoff

1 Kleben Sie auf der Arbeitsfläche einen Zeitungsbogen mit Klebeband an und befestigen darauf das Papier ebenfalls mit Klebeband. So kann nichts verrutschen.

2 Male aus einem Kreis und einem Ei einen bunten Vogel oder ein Hühnchen in möglichst hellen Farben mit Wachsmalkreiden. Achte auf fingerdicke Beine, damit du sie später ausschneiden kannst. Drücke gut auf und fülle die Farbflächen aus. Wenn du fertig bist, streichst du überschüssige Krümel mit dem Pinsel weg.

3 Schneide den Vogel sorgfältig aus. Lass dir bei knifflichen Stellen von einem Erwachsenen helfen.

4 Nun überpinsele den gesamten Vogel mit Tusche. Die Tusche wenige Minuten antrocknen lassen.

5 Wenn die Ränder getrocknet sind, wäschst du die Tusche unter fließendem Wasser oder in einer Wasserschüssel wieder ab. Du kannst dabei einen Pinsel zu Hilfe nehmen. Den Vogel auf Küchenpapier oder Zeitung legen und gut trocknen lassen.

6 Inzwischen schneidest du aus dem grünen Tonpapier einen Hügel und klebst ihn auf den blauen Tonkarton. Ergänze dein Bild mit Grashalmen, Wolken, Blumen, einem Ei oder Schmetterlingen.

7 Sobald der Vogel durchgetrocknet ist, klebst du ihn auf den blauen Tonkarton und drückst ihn gut an.

KREATIVITÄT • 75

Fotos aus Fantasia
Kleksbilderdias

MATERIAL
- ✔ Cromarfarben in Rot, Gelb und Blau
- ✔ alte Schraubdeckel
- ✔ Architektenpapierreste
- ✔ Wattestäbchen
- ✔ Diarähmchen mit Plastikwänden
- ✔ Zeitungspapier zum Unterlegen
- ✔ Diaprojektor
- ✔ Leinwand oder weiße Zimmerwand

 40 min

1 Geben Sie jedem Kind einen Transparentpapierrest und einen Schraubdeckel mit einem Tupfen Gelb, Rot und Blau.

2 Du faltest ein Stück Transparentpapier in der Mitte und öffnest es wieder.

3 Mit dem Wattestäbchen trägst du auf einer Seite des Papiers dicke Tupfen auf, die nahe aneinander liegen. Du faltest das Papier am Falz wieder aufeinander und drückst die Papierhälften fest aufeinander.

4 Öffne die Faltung wieder und lasse die Farbe trocknen.

5 Lege das Diarähmchen auf eine besonders schöne Stelle des Papiers. Den Rahmen mit einem Bleistift umfahren. Schneide das Papierstück aus, sodass es in den Plastikrahmen passt.

6 Klappe den Diarahmen auf, lege das bunte Papierstück hinein und klappe das Rähmchen fest zu. Der Diaabend kann beginnen!

AKTIONSIDEE

Geben Sie die fertigen Dias in den Diaprojektor und schauen Sie sich mit den Kindern die Kunstwerke an. Erkennt man da nicht Fabelwesen? Sie bedienen so die Förderfelder **Sehen**, **freies Assoziieren** und **Fantasie**.

KREATIVITÄT • 77

Edel
Erstes Marmorieren

MATERIAL
- ✔ Ölfarbe in der Tube (alternativ Marmorierfarbe) in Lieblingsfarben
- ✔ Plastik- oder Styropor®-Schalen, 3 cm hoch
- ✔ Aquarellpapier, A4
- ✔ Papierrest
- ✔ Keksausstecher mit Tiermotiven
- ✔ Plastikhandschuhe oder alte Grillzange
- ✔ Schaschlikstäbchen
- ✔ Wachstischdecke
- ✔ eine gespannte Wäscheleine
- ✔ Zeitungspapier
- ✔ Wäscheklammern
- ✔ Schnur, ø 1 mm stark
- ✔ 2-3 Holzperlen, ø 1,5 cm-2 cm
- ✔ Bürolocher
- ✔ Bleistift

VORLAGE SEITE 139

AKTIONSIDEE

Bei einer Gruppenarbeit entstehen genügend Anhänger, um beispielsweise einen Osterstrauch oder einen Themenzweig zu einer Vorlesegeschichte zu dekorieren. Wenn Sie die Aktion wiederholen, können Sie sogar genügend Anhänger für den Frühlingsmarkt zusammenstellen. **Kreativität** und der **spielerische Umgang** mit Farbe stehen dabei im Mittelpunkt.

78 • KREATIVITÄT

ab 5 Jahren — 20 min

1 Bitte spannen Sie in der Nähe des Basteltisches eine Wäscheleine und legen unter diese Zeitungspapier. Den Tisch selbst decken Sie mit einem großen Wachstischtuch oder mit sehr viel Zeitung ab.

2 Fülle die Schälchen mit Wasser.

3 Male dir auf den Karton schöne Tiere, die die Größe deiner Hand haben. Vielleicht hast du auch Keksausstecher da, die du als Schablone verwenden kannst. Schneide die Tiere aus.

4 Jetzt ist der Künstler in dir gefragt: Tröpfle aus der Tube auf die Wasseroberfläche immer ein paar Tropfen pro Wunschfarbe. Mit dem Schaschlikstäbchen verwirbelst du sanft die Farben.

5 Nun benötigst du die Arbeitshandschuhe oder die Grillzange. Tauche damit sanft das Papiermotiv unter Wasser. Ziehe es hervor und hänge es zum Trocknen für zwei Stunden an die Wäscheleine.

6 Die Restfarbe kannst du noch gut verwenden: Spieße eine Perle auf dein Schaschlikstäbchen auf und drehe das Stäbchen kurz im Farbwasser. Schon hast du eine edle bunte Perle.

7 Die Restfarbe auf der Wasseroberfläche entfernen Sie mit einem Papierrest, den Sie über die Oberfläche ziehen.

8 Nachdem alle Papiertiere und Perlen getrocknet sind, stanzen Sie bitte mittig bzw. am Schwerpunkt des Papieranhängers ein Loch.

9 Schneide dir 20 cm Faden ab und klappe diesen an der Mitte zusammen. Fädle die Öse durch das gelochte Loch und ziehe die zwei Enden durch die Schlaufe. Nun kannst du die Perlen nach Belieben auffädeln und anschließend die Schnur verknoten.

Zauberpflanze
Aquarellranke

AKTIONSIDEE

Diese herrliche Ranke bietet sich auch als Gruppenarbeit an! Lesen Sie doch zuerst das Märchen „Hans und die Bohnenranke" vor und lassen Sie die Kinder dann auf Endlospapier eine gewaltige Kletterpflanze gestalten. **Fantasie** und **Kreativität** werden so angeregt!

MATERIAL

- Aquarellpapier in Weiß 220g/m², A2
- Kaffeefiltertüten in Weiß
- Tonkartonrest in Dunkelblau
- Deckfarben in Cyanblau, Magentarot, Gelb, Gelbgrün und Blaugrün
- breiter Borstenpinsel
- kleines Schwämmchen
- Kinderschere
- Klebstoff
- Bleistift
- Wachs- oder Ölkreide in Grün
- wasserfeste Unterlage

VORLAGE SEITE 136

ab 4 Jahren   45 min

1 Schneide die Ränder der Filtertüte ab. Lege das aufgeschnittene Filtertütenpapier auf eine wasserfeste Unterlage.

2 Feuchte die Filtertüten mit einem Schwamm an, achte aber darauf, dass keine Wasserpfützen entstehen.

3 Rühre dir eine Farbe mit Wasser an und male von innen nach außen auf das angefeuchtete Filterpapier vorsichtig einen Kreis. In die Mitte malst du darauf mit einer anderen Farbe einen kleinen Kreis, den Blütenstempel und feine Linien nach außen. Es ist sicher spannend für dich auszuprobieren, wie sich die Farben auf dem Papier vermischen und ineinander verlaufen.

4 Lege deine bemalten Filtertüten zum Trocknen.

5 Falte die getrockneten Blütenteile dreimal aufeinander und schneide dir eine Blütenform aus.

6 Für deine Pflanze benötigst du viele Blätter: Dafür kannst du Filterpapier in verschiedenen Grüntönen bemalen und trocknen lassen. Halbiere das Filtertütenpapier, falte es zur Hälfte und schneide dir von dem geschlossenen Bruch aus ein Blütenblatt zu.

7 Das große Aquarellpapier kannst du jetzt als Untergrund gestalten: Hier malst du von unten nach oben auf dem ganzen Blatt Pflanzenstiele mit der Kreide auf.

8 Mit einem feuchten Schwamm kannst du jetzt Farbe über das ganze Aquarellpapier streichen – Blau ist hübsch oder Türkis!

9 Wenn das große Papier mit der Ranke trocken ist, klebst du Blüten und Blätter an die gemalten Stiele.

KREATIVITÄT • 81

Käpt'n Zufall
Salatschleuderbilder

MATERIAL
- ✔ Salatschleuder
- ✔ Fingerfarben in verschiedenen Farbtönen
- ✔ Gläser zum Anrühren
- ✔ Leitungswasser
- ✔ Papier in Weiß, A4
- ✔ Kinderschere
- ✔ Teelöffel
- ✔ Bleistift
- ✔ Küchenkrepp
- ✔ optional Glitter

AKTIONSIDEE

Die Salatschleuder erzeugt über die Zentrifugalkraft schwungvolle Bilder. Auch weniger begabten oder sehr ungeduldigen Kindern macht dieser spielerische Umgang mit Farbe großen Spaß. Wenn viele Kinder mitschleudern, bietet es sich an, das Atelier in den Garten zu versetzen: Wer eine Pause von der **Zufallskunst** braucht, kann ein Eis essen, wer werkeln will, geht an die Schleuder. Aus den bunten Kreisbildern lassen sich tolle Girlanden fürs Sommerfest basteln.

82 • KREATIVITÄT

ab 3 Jahren   15 min

1 Jetzt rockt die Küche! Nimm dir dein Papier und stelle das Innensieb der Salatschleuder darauf. Umfahre mit dem Bleistift den Siebeinsatz am Außenrand und schneide dein Papier zu.

2 Lege ein Blatt Küchenkrepp und danach den Papierkreis in den Siebeinsatz der Salatschleuder. Jede Farbe wird einzeln in einem Behälter mit etwas Wasser verdünnt.

3 Mit einem Teelöffel nimmst du etwas Farbe aus dem Behälter. Verteile mit dem Löffel einzelne Tropfen auf dem Papier.

4 Nun ist der Turbo angesagt: Schließe den Deckel deiner Salatschleuder und drehe diese kräftig. Je schneller du drehst, umso feiner werden die Farbverläufe. Vielleicht magst du in die feuchte Farbe etwas Glitter streuen?

Elterntipp
Die Fingerfarbe lässt sich in der Spülmaschine problemlos von der Salatschleuder waschen. Sollten Sie andere Farben verwenden, dann nutzen Sie die Schleuder bitte nur noch für künstlerische Zwecke.

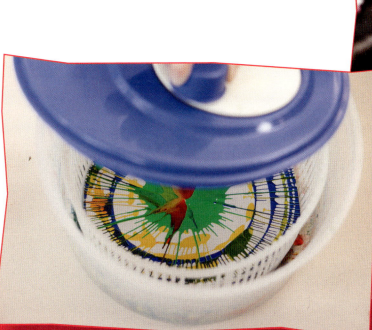

KREATIVITÄT • 83

Knallfarbe
Zuckerkreide

AKTIONSIDEE

Wenn Sie eine Gruppe mit der Zuckerkreide beschäftigen möchten, dann teilen Sie die Gruppe doch mithilfe von Bonbonpaaren ein. Jedes Kind zieht ein Bonbon. Kinder mit dem gleichfarbigen Bonbon finden sich in der Kreide-, Wasser-, Zucker- oder Abtupfgruppe ein. Mit dem übrig gebliebenen farbigen Zucker-wasser können die Kinder durch Ineinanderschütten spielerisch das **Farbenmischen** üben. Die **Fantasie** und die **Lust am Experimentieren** werden unterstützt.

MATERIAL
- ✔ 8 farbige Tafelkreiden
- ✔ 8 kleine Glasschälchen oder leere Joghurtbecher
- ✔ Zucker
- ✔ Esslöffel
- ✔ Küchenkrepp
- ✔ weicher Haarpinsel
- ✔ Tonkarton in Schwarz, Blau oder Braun, A4
- ✔ Küchenwecker
- ✔ Kreppklebeband
- ✔ Haarspray

1 Zu Beginn kleben Sie den Tonkarton mit Klebeband auf dem Maltisch fest, damit nichts verrutschen kann.

2 Wickle die Kreiden aus dem Papier und breche sie in zwei Stücke. Dann füllst du die Schälchen mit Wasser. Sortiere die Kreiden nach ähnlichen Farben und verteile sie auf die Wasserschälchen.

3 Fülle jeweils 1 Esslöffel Zucker in jedes Schälchen und rühre mit den Fingern sanft um, damit sich der Zucker besser auflöst.

4 Stellen Sie den Wecker auf 10 Minuten. In dieser Zeit saugen sich die Kreiden mit Zuckerwasser voll.

5 Wenn der Wecker klingelt, nimmst du die Kreidestücke aus dem Wasser, legst sie auf Küchenpapier und tupfst sie vorsichtig trocken.

6 Jetzt kannst du mit den verschiedenen Kreiden dein leuchtendes Bild beginnen. Das ist ein schmierig-schönes Erlebnis. Farbige Flächen können auch mit Mustern übermalt werden.

7 Die fertigen Bilder über dem Papierkorb ausschütteln und mit dem Pinsel von Krümeln reinigen. Abschließend werden die Bilder mit Haarspray fixiert.

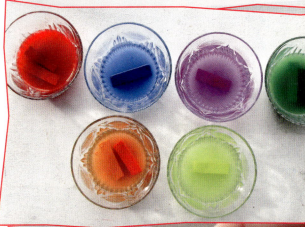

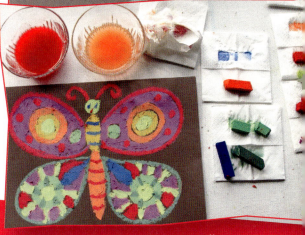

KREATIVITÄT • 85

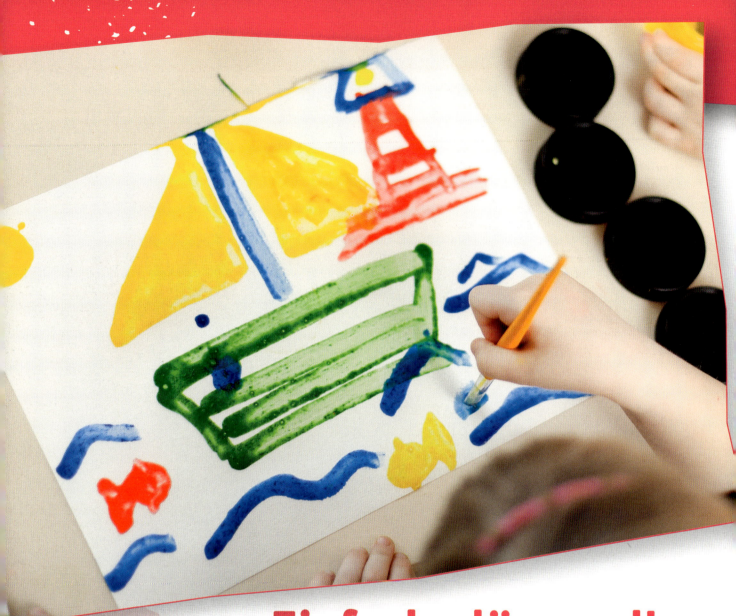

Einfach glänzend!
Selbst gemachte Farbe

MATERIAL
- ✔ 4-5 Esslöffel Agavendicksaft
- ✔ Fingerfarbe in Rot, Gelb, Blau und Grün
- ✔ 2 TL Geschirrspülmittel
- ✔ Fotokarton in Weiß, A4
- ✔ 4 Flachpinsel
- ✔ Holzspatel
- ✔ 4 Schraubgläser
- ✔ Teelöffel
- ✔ Esslöffel
- ✔ optional Waschpulver

86 • KREATIVITÄT

 10 min

1 Du träufelst den Dicksaft in das Schraubglas ebenso das Geschirrspülmittel und mehrere Tropfen von deiner Wunschfarbe. Mischt man etwas Waschpulver in die Farbe, leuchtet die Farbe etwas bei Schwarzlicht. Nun verrührst du das Ganze.

2 Stelle deine Farben mittig auf den Tisch und gebe in jede Farbe einen sauberen Pinsel, schon kannst du ein tolles Bild malen.

3 Lege das Bild an einen sonnigen Platz, dann trocknet es schneller. Durch den Sirup sieht die Farbe noch lange nass und glänzend aus – das ist besonders toll, wenn du das Meer malst!

AKTIONSIDEE

Beobachten Sie mit den Kindern, wie sich die Optik von Objekten ändert, sobald diese nass werden: Der Regen verändert die Farbe von Kieseln oder Blättern... Dann können die Kinder „nasse" Bilder malen: Das Meer, der Regen oder ein Wasserfall kann das Motiv sein. Diese lustige Technik unterstützt das **Farbgefühl**.

KREATIVITÄT • 87

Gefühle

Sie kennen das: Schon seit einer halben Stunde hören Sie dem aufgeregten kleinen Jungen zu, der vom Zoobesuch erzählt. Er lässt sich kaum Zeit, Luft zu schnappen, so schnell müssen seine Erlebnisse vor den Gehegen von Erdmännchen, Tigern, Schlangen und Gorlillas heraus. Mit leuchtenden Augen teilt er jedes noch so kleine Detail mit. Aber daneben geht still ein anderes Kind. Zu gerne wüssten Sie, was es gerade fühlt, denn es sieht verschlossen aus. Ist es traurig, oder bloß müde? Tut ihm etwas weh, oder denkt es über etwas nach? Auch bei noch so viel Erfahrung, die wir gerne für uns beanspruchen, lässt es sich nicht immer eindeutig sagen, was Kinder gerade fühlen, ohne etwas in sie hineinzuinterpretieren.

Weißt du eigentlich, wie lieb ich dich habe?

Heile, heile Gänschen

Für Kinder, die es nicht gewohnt sind, ihre Gefühle auszudrücken, ist es oft sehr schwer, sie zu benennen oder zu erkennen. Üben Sie mit ihrem Kind, verschiedene Gesichtsausdrücke oder Gesten zu benennen.

Doch Sprache ist ja nicht unsere einzige Ausdrucksform. Vieles kann helfen, Gefühle auszudrücken. Ein negatives Gefühl wie Angst lässt sich sogar in positive Energie verwandeln. Angenehme Emotionen können durch kleine Dinge oder Gesten wiederholt erlebt und damit bestärkt werden. Geborgenheit, Liebe oder Freude lassen sich halten, Sorge und Wut sich an einem Symbolgegenstand abreagieren.

Feel the music!

Und was wohl entsteht, wenn nichts Bestimmtes gemalt oder modelliert werden soll und dazu Musik erklingt? Ein schönes kreatives Erlebnis, das ganz aus dem Inneren kommt. Gefühle, die an die Oberfläche kommen, nehmen eine Form an. So ist es möglich, anderen Kindern oder den Erwachsenen zu zeigen, was gerade in einem Kind vorgeht.

GEFÜHLE • 89

Kummer ade!
Gewickeltes Sorgenpüppchen

MATERIAL
- Chenilledraht in Weiß oder Gelb, ø 0,5 mm, 3 cm und 10 cm lang
- Haushaltsschere
- Garn- oder Wollreste in Lieblingsfarben
- Bastelfilzrest
- Filzstift in Schwarz
- Klebstoff
- Kindernähnadel

AKTIONSIDEE

Sprechen Sie mit ihrem Kind darüber, was wütend und was traurig macht. Dann überlegen sie gemeinsam, wie man diese Gefühle auflösen kann – wie daraus wieder eine fröhliche Situation werden kann. Neben der **Auseinandersetzung** und **Formulierung negativer Gefühle**, von Sorgen, Kummer, Ängsten oder Schmerz dient diese Bastelarbeit dem Training **motorischer Geschicklichkeit**.

ab 4 Jahren → ⏱ 30 min

1 Messe und schneide dir den Draht in der richtigen Länge zu. Du benötigst ein kurzes (3 cm) und ein langes (10 cm) Stück.

2 Knicke das längere Teil in der Mitte und lege das kürzere Teil im oberen Drittel dazwischen. Drehe oberhalb den Draht spiralförmig zusammen. Das wird der Kopf deines Püppchens.

3 Drehe den Draht unterhalb ebenso zusammen, so entstehen beide Beine.

4 Biegen Sie die Drahtenden nach innen um, damit sich das Kind nicht daran verletzen kann.

5 Umwickle nun unterhalb des Kopfes den Hals und danach beide Arme mit Garn in deiner Lieblingsfarbe.

6 Als nächstes umwickelst du den Bauch und anschließend die Beine. Achte beim Umwickeln besonders darauf, dass du fest und nicht ganz bis an das Ende des Drahtes wickelst.

7 Vernähen Sie die Garnenden. Aus einem kleinen Stückchen Bastelfilz fertigen Sie das Gesicht des Püppchens an. Wenn Ihr Kind mehrere Püppchen angefertigt hat, nähen Sie doch außerdem noch ein kleines Säckchen, in dem die Püppchen aufbewahrt werden können.

8 Das Püppchen begleitet dich in deiner Hosentasche überall hin. Ihm kannst du ab jetzt allen deinen Kummer anvertrauen! Lege dein Püppchen unter dein Kopfkissen, wenn du dich schlafen legst. So sollten am nächsten Tag alle deine Sorgen verschwunden sein. Bei kleinem Kummer hilft das oft!

Sweet home
Wollbild

AKTIONSIDEE
Das Wollbild steht ganz unter dem Motto „Hier wohne ich". Sie können aber natürlich auch ein Wunschzuhause anregen oder auf einer Filzplatte in A3 die ganze Familie legen lassen. Die Kinder reflektieren so über ihr eigenes **Lebensumfeld**, trainieren ihre **Feinmotorik** und stellen **Größenverhältnisse** dar.

MATERIAL
- Filzplatte in Weiß, 350g/m², 29 cm x 21 cm
- Märchenwolle in Hell- und Dunkelblau, Rot, Hell- und Dunkelbraun, Gelb, Hell- und Dunkelgrün, Türkis, Orange, Lila und Hautfarbe

ab 3 Jahren ▶   30 min

1 Probiere zunächst aus, wie die Märchenwolle aussieht, wenn du sie ganz dünn legst oder verzwirbelst. Du kannst auch mehrere Farben ineinander zwirbeln. Zupfe dir dann aus der Wolle zwei lange Streifen, die deine Hauswände werden. Lege sie auf die Filzplatte und drücke sie gut fest.

2 Forme ein dreieckiges Dach und lege es oberhalb deiner Hauswände an.

3 In das Haus hinein gestaltest du dich. Zupfe dir immer kleine Stückchen Wolle und forme daraus die einzelnen Körperteile, die du nacheinander auf der Filzplatte andrückst.

4 Neben deinem Haus kannst du noch verschiedene Pflanzen aus der Wolle formen und anbringen. Es ist alles möglich, beispielsweise ein Baum oder Blumen – aber auch ein Postkasten und eine Straßenlaterne, wenn du das lieber magst.

5 Drücke zum Abschluss alle Teile fest auf die Platte, damit dein Bild auf dem Untergrund gut hält.

GEFÜHLE • 93

Knet mal!
Modellieren zur Musik

MATERIAL
- ✓ Ton oder lufthärtende Modelliermasse
- ✓ Schüssel mit Wasser
- ✓ evtl. Modellierwerkzeug
- ✓ Küchenmesser
- ✓ Wachstuchdecke
- ✓ CD-Player und CD, z. B. von Vivaldi „Der Frühling"
- ✓ Acrylfarben (optional)

AKTIONSIDEE

Das Erlebnis ist für die Kinder umso nachhaltiger, je weniger Nebengeräusche und Gespräche es gibt. Achten Sie auf Stille, sodass die Musik auch wirken kann. Dieses Angebot stellt ein Gegengewicht zu unserer oft einseitig an perfekten Ergebnissen ausgerichteten Gesellschaft dar. Kinder dürfen im **freien Modellieren** ihren spontanen Einfällen und Wünschen folgen und ihre Arbeit immer wieder verändern. Wichtiger als das Ergebnis ist der **Prozess**. Leise Hintergrundmusik unterstützt die kleinen Tonkünstler dabei, „im Fluss zu bleiben".

ab 3 Jahren → ⏱ 30 – 60 min

1 Bereiten Sie die Kinder mit einer Geschichte auf die Arbeit vor: Eine Prinzessin wünscht sich zu ihrem Geburtstag Musik, die man berühren kann. Der Harlekin hat die rettende Idee und liefert dem König einen Batzen Ton ins Haus. Der Ton wird lebendig, als die Musik einsetzt...

2 Geben Sie den Kindern ein paar Impulse, wie sie Musik umsetzen können: Leise oder hohe Töne in sanfte Berührungen, tiefe oder laute Stellen in kräftige Bewegungen. Die Kinder dürfen Teile von ihrem Batzen wegnehmen, flach drücken, zu Würsten, Kugeln oder flachen Platten formen.

3 Lassen Sie zu, dass die Kinder ihre Objekte immer wieder verändern, zerstören und neu formen. Die kleinen Künstler dürfen auch Wasser verwenden.

4 Mit den Fingern, mit viel oder wenig Wasser, mit kleinen Kratzern und Schabern kannst du die Musik in den Ton kneten.

5 Lassen Sie die Objekte trocknen und mindestens drei Tage lang aushärten. Danach können die Werke noch mit Acrylfarben bunt angemalt werden. Sie können aber auch, sobald die Modellierzeit vorbei ist, alle Teile wieder zu einer Kugel zusammenkneten.

GEFÜHLE • 95

Unverwechselbar
Selbstporträt auf Porzellan

MATERIAL
- Müslischale und Trinkbecher aus weißem Porzellan
- kleiner Teller zum Üben
- Porzellanmalstifte, 1-2 mm, spülmaschinenfest, in Grund- und Sekundärfarben
- leere Dose
- altes Handtuch
- Handspiegel

AKTIONSIDEE

Selbst bemalte Tassen sind prima auf dem Frühstückstisch – da weiß jeder gleich, wo er sitzt! Auf dem nächsten Kindergeburtstag könnte sich doch jeder Gast eine eigene Tasse bemalen – die Kinder porträtieren sich gegenseitig. So wird die **Selbstwahrnehmung** gestärkt und objektiviert.

ab 5 Jahren ⏱ **45 min**

1 Probiere auf dem Übungsteller die Stifte aus. Erst schütteln und dann mehrfach die Spitze drücken, bis sie sich einfärbt.

2 Platziere den Becher auf einem alten Handtuch. Der Henkel liegt rechts.

3 Male dich selbst oder deine beste Freundin, wenn sie dir gegenüber sitzt. Wenn du dich selbst malen möchtest, kannst du einen Handspiegel zur Hilfe nehmen. Schau genau: Sind deine Augen grün oder braun?

4 Zeichne zuerst den Kopf-Umriss mit Ohren und Hals in Hautfarbe vor und fülle ihn mit Farbe aus. Etwas antrocknen lassen. In der Zwischenzeit ergänzt du die Kleidung und die Haare, vielleicht auch eine Krone, wenn du gerne eine Prinzessin wärst, oder einen Indianerkopfschmuck.

5 Wenn das Gesicht angetrocknet ist, fügst du Augen, Nase, Mund, Wangen, Ohr- und Halsschmuck hinzu. Das geht gut in der Punktetechnik. Hast du auch die Brille nicht vergessen?

6 Die bemalte Tasse muss 24 Stunden trocknen, bevor die Farbe spülmaschinenfest wird und das Geschirr benutzt werden kann. Manche Farben müssen aber auch im Backofen eingebrannt werden.

GEFÜHLE • 97

Synchron
Malen mit beiden Händen

MATERIAL
- ✔ Wachsmalkreiden
- ✔ Zeichenblock, A3 oder größer
- ✔ Kreppklebeband
- ✔ Tonpapier in Lieblingsfarben, A2
- ✔ Klebestift
- ✔ Kinderschere

ab 4 Jahren ➡ 🕐 30 min

1 Das Malen mit beiden Händen macht Spaß! Es ist eine gute Methode, wenn du nicht weißt, was du malen willst oder wie du anfangen sollst.

2 Kleben Sie für den kleinen Künstler einen großen Papierbogen mit Kreppklebeband am Tisch fest.

3 Wähle zwei Lieblingsfarben. Dann nimmst du eine Kreide in die linke und eine in die rechte Hand.

4 Male nun mit beiden Händen symmetrische Spuren, die dir spontan einfallen. Du brauchst nichts Besonderes darstellen, sondern kannst dich einfach treiben lassen. Ein bisschen fühlt sich das wie Schwimmen an. Deine Hände dürfen sich dabei immer wieder begegnen oder voneinander entfernen. Es entstehen lustige Spuren, die manchmal an Muscheln, Köpfe oder Schmetterlinge erinnern.

5 Wenn du willst, wechsle die Farben oder die Bewegungen.

6 Schneide dein fertiges Strichknäuel aus und schau es dir an. Woran erinnert es dich? Du kannst noch ein zweites Bild herstellen und aus beiden Teilen eine Collage kleben. Fehlende Teile malst du auf. Lass dir dabei von einem Erwachsenen helfen. Unser Teddybär ist aus zwei übereinander geklebten Formen entstanden. Gesicht, Schulter und Ohren sind dazu gezeichnet.

AKTIONSIDEE

Kritzeln ist erlaubt! Das entlastet gerade schüchterne Kinder mit hohem Perfektionsanspruch. Achten Sie darauf, dass die Künstlerzwerge beide Arme bewegen, als ob sie Gymnastik machen würden. Das Ziel ist kein ganz bestimmtes Ergebnis, sondern die Freude am Tun. Hinterher überlegen Sie gemeinsam, ob Sie die Farbknäuel ausschneiden oder mit Wasserfarben ausmalen möchten. Diese **Lockerungsübung** dient der Verknüpfung beider Gehirnhälften und fördert Konzentration und Entspannung. Das symmetrische Arbeiten ist zudem **eine Vorübung zum Erlernen der Schrift,** denn die Kinder müssen ihre Bewegungen bewusst koordinieren. Probieren Sie es doch auch mal aus!

GEFÜHLE • 99

Wachgeküsst!
Lippenabdruckbilder

MATERIAL
- Tonkarton in Rot, A4
- 2 Bögen Papier in Rosa und Hellblau, A4
- Papierrest in Weiß
- Tonzeichenpapier in Gelb, Braun, Blau und Violett, A4
- Kinderschere
- Klebestift
- Bleistift
- Buntstifte in Rot, Blau und Grün
- Fineliner in Schwarz
- Kartonrest
- Lippenstift

ZUSÄTZLICH FÜR PRINZ
- Tonkarton in Schwarz, A4
- Geschenkpapierrest

VORLAGE SEITE 136 + 137

AKTIONSIDEE

Diese Collage mit Kuss unterstützt die **Körperwahrnehmung**. Ein schönes Märchen, z. B. Dornröschen, stimmt ihr Kind auf das Thema „Küssen" ein. Viele Kinder finden es lustig, ihr Bild zu küssen. Akzeptieren Sie aber auch, wenn Ihr kleiner Künstler seine Lippen nicht anmalen möchte. Sprechen Sie mit Ihrem Kind darüber, von wem es gern geküsst werden möchte und von wem nicht. Ihr Kind hat das Recht, Küsse abzulehnen, die es nicht mag!

ab 4 Jahren 60 min

Prinzessin

1 Übertragen Sie die Vorlagen für Kopf, Haare, Kragen und Krone auf Karton und anschließend auf Tonpapier.

2 Schneiden Sie zusammen mit dem kleinen Künstler alle Teile sorgfältig aus und kleben erst den Kopf, danach die Haare und den Kragen auf den Tonkarton.

3 Schneide die Krone aus einmal gefalztem Tonpapier aus, klappe sie auf und fixiere sie mit Klebstoff. Mache es genauso mit den Augen. Male mit Bunt- oder Filzstift Iris und Pupille ein und füge mit schwarzem Fineliner Wimpern und Augenbrauen hinzu – schon guckt die Prinzessin erstaunt.

4 Jetzt wird's spannend: Male dir deine Lippen rot an und drücke einen dicken Kuss auf die Stelle, wo der Mund sitzen soll.

5 Male Wangen und Sommersprossen mit Buntstift auf. Die Nase kannst du entweder auch aufmalen oder aus rosa Papier ausschneiden und aufkleben.

6 Wenn es dir gefällt, verziere deine Prinzessin mit Ohrringen und einer Halskette. Oder schmücke ihr Kleid noch mit einer wellig geschnittenen Borte.

Prinz

1 Der Prinz wird genauso hergestellt, darf aber mehrmals von der Prinzessin geküsst werden. Er wirkt männlicher, wenn du ihm eine breitere Krone aufsetzt und ihm einen Schnurbart malst oder aufklebst.

GEFÜHLE • 101

Emotion
Rupfengesicht voller Gefühl

AKTIONSIDEE

Das Ziel ist es, **Gefühle erkennen, benennen und verbildlichen** zu können. Zugleich wird die **Feinmotorik** (Pinzettengriff) trainiert. Die Kinder sollen das Material zunächst auflegen, damit die einzelnen Gesichtsteile erfahrbar und deren Platzierung im Gesicht im richtigen Verhältnis wahrgenommen werden sind. Spielen Sie doch mit den Kindern „Gefühlstheater". Wie sieht man aus, wenn man wütend, traurig, fröhlich, verschlagen, gemein, satt, erstaunt, nervös, verschmitzt oder pfiffig guckt?

MATERIAL
- Rupfen, grob, 20 cm x 30 cm
- Rupfenreste
- Wollreste
- Filzreste
- Kunststoffknöpfe, ø 17 mm
- Kinderschere
- Kindernähnadel
- Bleistift
- Nähfaden
- Textilkleber

1 Male dir auf dein Rupfenstück eine Gesichtsform auf und schneide diese zu.

2 Schneide aus den Rupfenresten kleine Quadrate und nähe diese als Augen auf. Darauf lassen sich die Knöpfe als Pupillen sehr gut annähen.

3 Beim Nähen müssen Sie vielleicht ein bisschen assistieren. Ist der kleine Künstler noch zu tollpatschig, können die Einzelelemente aber auch mit Textilkleber aufgesetzt werden.

4 Schneide dir einen länglichen Rupfenstreifen zu, rolle und binde ihn zusammen. Dies wird die Nase die du nun anbindest, indem du die Rupfenfäden durch das Gewebe steckst und auf der Rückseite gut verknotest. Lass dir dabei etwas helfen!

5 Aus zwei kleinen Rupfenstücken werden die Ohren geschnitten. Diese nähst du entweder mit einem Rupfenfaden an oder mit einem Nähfaden, den du doppelt nimmst.

6 Male einen Mund auf und schneide ihn heraus. Umsticke den Rand mit einem roten Wollfaden oder schneide eine Mundform aus Bastelfilz zu und nähe oder klebe diese auf.

7 Bringe oben auf dem Kopf noch Haare an, die du einknoten oder anbinden kannst.

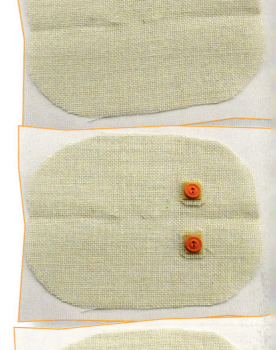

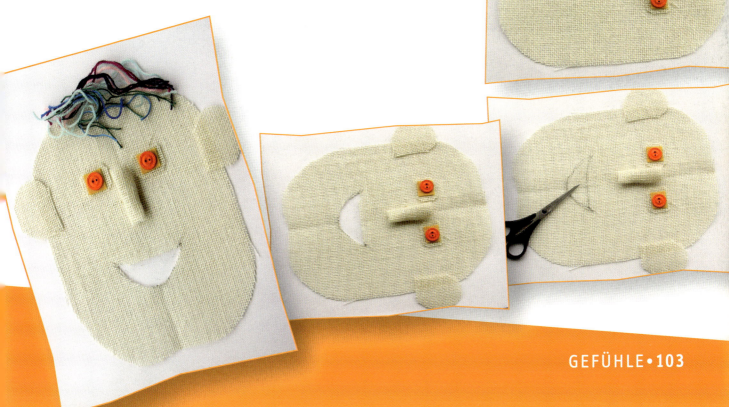

GEFÜHLE • 103

Passkontrolle
Das-bin-ich-Pass

MATERIAL
- Tonpapier in Lieblingsfarben, A4
- Tonpapier, 10 cm x 10 cm
- Temperafarben
- dicker Borsten- oder Haarpinsel
- Farbstifte
- Lippenstift
- Klebestift
- Schüssel mit warmem Wasser
- Seife
- Küchenkrepp
- Bürohefter

AKTIONSIDEE

Geben Sie den Kindern individuell Hilfestellung bei allem, was diese allein nicht können. Das kann je nach Kind und Alter unterschiedlich sein. Jeder Körperteil bekommt eine Seite und wird evtl. vom Erwachsenen beschriftet. Wenn eine Haarsträhne aufgeklebt werden soll, machen Sie dies als Erwachsener, damit die Kinder nicht in Versuchung geführt werden, Friseur zu spielen. Der Pass kann verschieden erweitert werden: Mein Leibgericht, meine Familie, mein Haustier usw. Eine Variante wäre auch, den Pass mit Fotos zu gestalten, welche die Kinder selbst geknipst haben. Den Pass anzufertigen, fördert das Selbstwertgefühl, das **Ich-Bewusstsein, die Wahrnehmung bestimmter Körperteile** und **die Feinmotorik**.

ab 3 Jahren — **30 min**

1 Besprechen Sie mit den Kindern was der Das-bin-ich-Pass alles beinhalten kann oder soll.

2 Falte je ein Blatt in der Mitte zusammen. Für die Vorderseite male dein „Passfoto" auf ein kleines Papierrechteck, klebe es auf und unterschreibe den Pass mit deinem Namen.

3 Was du aufdrucken kannst z. B. Hände, Füße und Nasenspitze streichst du mit Farbe an und druckst es aufs Papier. Für den Mund nimmst du Lippenstift. Die Körperteile müssen gleich danach wieder gut gewaschen werden. Was du nicht drucken kannst, z. B. Augen und Ohren, malst du mit Farbstiften auf je eine Seite.

4 Heften Sie die Seiten zu einem Büchlein zusammen.

5 Jetzt beginnt die Passkontrolle: Ratet anhand des Passes, welchem Kind dieser gehört.

GEFÜHLE • 105

Umweltbewusstsein

Befragen Sie einmal Kinder nach naturwissenschaftlichen oder technischen Begriffen. Sie werden erstaunliche Erklärungen bekommen. Darauf, was Umwelt sei, antwortete mir zum Beispiel ein Fünfjähriger: „Das ist ein Universum, aber direkt um mich herum, also eine Art Uniweltium."

Wieso-Weshalb-Warum?

Unterstützen Sie den Forschertrieb Ihres Kindes und machen Sie Alltagsgegenstände und Naturfundstücke auf kreative Weise zugänglich und erlebbar! Lassen Sie zunächst die Kinder eine Erklärung finden, oft sind sie der Wahrheit erstaunlich nahe.

Wenn ich groß bin, werde ich Entdecker!

106 • UMWELTBEWUSSTSEIN

Indiana Jones trifft Albert Einstein

Das Erstaunen der Kinder ist die Grundlage für ihr Interesse an den kleinen und großen Wundern dieser Welt. Unsere belebte oder unbelebte Umwelt bietet reichlich Stoff für Fragen zum Wie, Weshalb, Warum, Wo, Wann und Wer. Kinder streifen schon in der Früherziehung mit ihren Fragen durch unterschiedliche Fachdisziplinen wie Mathematik, Physik, Biologie und Chemie.

Der Umgang mit Naturmaterialien, also mit Blüten, Rinden, Stängeln, Beeren, Erde, Holz und vielem mehr, zeigt natürliche Prozesse des Wachsens, Blühens, sich weiter Vermehrens und Verwesens auf. Erkenntnisse aus der Mechanik – warum fährt ein Auto? – oder der Optik – warum ist der Himmel blau? – beschäftigen die Kleinen und sind der perfekte Antrieb für spielerisches Weltentdecken: Zusammenhänge lassen sich schnell über kleine Versuche und Bastelideen erfassen und verstehen. Ist es nicht schon ein Phänomen, warum der Öltropfen einfach auf dem Wasser schwimmt, und nicht untergeht, der Himbeersirup hingegen schon? Und weshalb wird der Plastikstab, wenn wir ihn reiben, für kleine Papierschnipsel zu einem Magneten – und wenn wir schon dabei sind – wie funktioniert ein solcher Magnet?

So viele Schätze überall

UMWELTBEWUSSTSEIN • 107

Teich und Tümpel
Collage

MATERIAL
- ✔ Fotokarton in Grün, A4
- ✔ Tonpapier in Hellblau, A4
- ✔ alte Kalenderblätter mit Teich- oder Seerosenmotiv
- ✔ Tonkarton
- ✔ Seidenpapierrest
- ✔ Folienpapierrest
- ✔ Tonpapierrest
- ✔ Ölkreiden oder Buntstifte
- ✔ Kinderschere
- ✔ Klebstoff

VORLAGE SEITE 139

ab 4 Jahren 25 min

1 Besprechen Sie mit dem Kind das Aussehen und die Körperteile der Insekten, damit dem Kind klar wird, dass das Insekt aus Kopf, Körper, Flügeln, Schwanz und Beinen besteht, und wie diese Teile zu arbeiten sind.

2 Wähle dir verschiedene Papierarten, die du für die einzelnen Teile verwenden möchtest, aus.

3 Übertragen Sie die Vorlage auf Tonkarton und schneiden Sie sie aus. Jetzt hat Ihr kleiner Künstler eine Libellenschablone.

4 Aus Kalenderblättern lassen sich einzelne Pflanzen, die es in einem Feuchtbiotop gibt, ausschneiden. Kannst du sie auch benennen?

5 Male deinen Teich auf den Tonkarton und klebe deine Kalenderblattausschnitte dazu. Male fehlende Pflanzen wie Schilf, Wasserlinse oder Schwertlilien dazu. Zuletzt klebst du deine Libellen auf. Die Flügel der Insekten wirken besonders schön, wenn du sie nicht komplett anklebst. Nun schweben die kleinen Räuber über deinem Teich!

AKTIONSIDEE

Es gibt ganz verschiedene Zugänge zur **aktiven Naturbeobachtung**: Wenn Sie ein Gewässer in der Nähe haben, beobachten Sie doch mit Ihrem Kind das Leben rundherum. Welche Tiere und Pflanzen sind zu welcher Jahreszeit zu sehen? Sie können aber auch eine Wald-, Watt-, Heide- oder Riedführung beim örtlichen Forstamt buchen und mit Käscher, Lupe und Eimer losziehen. Oder Sie gehen mit Ihrem kleinen Forscher in ein Naturkundemuseum. Besonders eindrücklich sind Libellen, wenn die Kinder die fliegenden Räuber unter einem Mikroskop studieren können.

UMWELTBEWUSSTSEIN • 109

Winterblume
mein Mandala

MATERIAL
- Holzkasten, 42 cm x 36 cm
- Ton- oder Lehmreste
- unterschiedliche Naturmaterialien, z. B. Steine, Eicheln, Maiskörner, Buchecker, Buchsbaum, Rinde
- Materialschälchen
- meditative Musik
- CD-Player

AKTIONSIDEE

Als Untergrund eignet sich alternativ ein Holztablett oder eine Baumscheibe. Naturmaterial sollte je nach Jahreszeit ausgewählt und achtsam gesammelt werden. Eigentlich stammen Mandalas aus dem spirituellen Bereich und dienen dem Gebet und der Meditation. Daher sollte möglichst schweigend gebastelt werden. Wenn Sie wetterbedingt indoor basteln müssen, dann legen Sie doch eine CD mit Waldgeräuschen ein. Förderbereiche sind die **Wahrnehmungsschulung**, der **achtsame Umgang mit der Natur, die Kreativität** und das bewusste Aushalten von Stille.

ab 4 Jahren   35 min

1 Geben Sie getrocknete Tonstücke in einen Eimer, begießen Sie diese mit etwas Wasser und lassen Sie alles für drei Tage gut durchfeuchten, damit der Ton formbar wird. Ebenso eignet sich Lehm.

2 Erkunden und sammeln Sie mit den Kindern verschiedene Naturmaterialien, die es aktuell draußen zu finden gibt. Auch getrocknete Materialien, die noch zur Verfügung stehen, eignen sich für das Mandala.

3 Sortiere deine Fundstücke in verschiedene Schalen oder Körbchen.

4 Nun geht es an das Modellieren der Blume. Für die Mitte der Blume formen Sie oder ein Kind eine kleine Scheibe, die dann in den Kasten gelegt wird. Geben Sie den Kindern kleine Tonstücke, die sie durchkneten und dann zu einem Strang rollen sollen. Diese einzelnen Stränge legen die Kinder als Blütenblätter von der Mitte nach außen führend immer wieder solange an, bis die Blüte vollendet ist. Nach dieser Tätigkeit waschen die Kinder erst einmal ihre Hände.

5 Die entstandenen Lücken werden mit unterschiedlichen Materialien ausgelegt. Schmücke sorgfältig und schweigend ein Kästchen nach dem anderen.

6 Jedes Kind darf abschließend seine verwendeten Materialien beschreiben. Nach Vollendung der Legearbeit geben Sie der Mandalablume einen besonderen Platz. Sie können außerdem auf die Mittelscheibe eine Kerze stellen.

UMWELTBEWUSSTSEIN • 111

Alles klar?
Kläranlage

MATERIAL
- Tontopf, ø 9 cm, 11 cm, 13 cm und 15 cm
- Einmachglas, ø 11 cm
- Acrylfarben in Weiß, Gelb, Orange und Hellgrün
- Kieselsteine
- Erde
- Sand
- Kaffeefilterpapier Größe 6
- mit Erde vermischtes Wasser oder schmutziges Putzwasser
- transparente Kanne oder Messbecher

AKTIONSIDEE

Das gefilterte Wasser ist zwar jetzt klar geworden, zum Trinken aber nicht geeignet, da nicht alle Stoffe herausgefiltert werden können. Also nicht gleich damit anstoßen! Machen Sie doch eine ganze Filterstraße: Wie sieht das Wasser nach jedem Filterschritt aus? Filtern Sie das Schmutzwasser doch auch mal durch einen Kaffeefilter voller Kohlestückchen: Wird das Wasser schwarz? Gefördert wird der kindliche **Forschertrieb**, der hilft, biologische Vorgänge zu erkennen. So erfahren Kinder kreativ ihre **natürliche Umwelt**.

ab 3 Jahren  30 min

1 Tupfe mit dem Zeigefinger Farbe auf den Tontopf. Benutze für jeden Topf eine andere Farbe. Dann lässt du die Tupfentöpfe trocknen.

2 Fülle den kleinsten Topf mit Kieselsteinen, den zweitgrößten mit Erde, den drittgrößten mit Sand und den größten mit der Filtertüte. Beim Topf mit dem Sand und der Erde legst du auf das Loch einen Kieselstein, damit Sand und Erde nicht so schnell durchrieseln. Töpfe nicht bis zum Rand füllen.

3 Stelle den größten Topf auf das Einmachglas und die Tontöpfe nach der Größe übereinander.

4 Gieße das Schmutzwasser langsam in den obersten Topf. Lasse das Wasser vor dem Nachschütten immer erst ablaufen.

5 Die Kläranlage funktioniert nur, wenn alle drei Töpfe übereinanderstehen – mache die Gegenprobe. Nach einer Weile kannst du beobachten, dass klares Wasser in das Glas tropft. Vergleiche es mit dem Schmutzwasser. Die verschiedenen Materialien haben den Schmutz herausgefiltert.

UMWELTBEWUSSTSEIN • 113

Natürlich
Malen mit Erd- und Pflanzenfarben

MATERIAL
- Beeren (Himbeeren, Blaubeeren, Johannisbeeren)
- Blätter, Blüten, Gras, Erde
- Teebeutel (Hagebutten- und Schwarztee)
- Sammelgefäße
- Salz
- Zitronensaft
- Gläschen oder Joghurtbecher
- Wasser, Öl, Stärkemehl oder Eier
- Löffel
- Probepapier
- Papier, A3
- Zeitung
- Pinsel

AKTIONSIDEE

Eine schöne Erinnerung an diese Kreativeinheit ist ein Naturfarbenlexikon: Die Kinder füllen kleine Zettel mit nur einer Farbspur. Die Zettel werden an eine Pinnwand geheftet und ein Erwachsener schreibt dazu, woraus die Farbe hergestellt wurde. Statt mit Händen oder Pinseln kann man aber auch mit Fundstücken aus der Natur malen. Welche Spur hinterlässt ein Stöckchen, ein Zweig oder ein Büschel Gras? Das Malen mit Naturmaterial fördert die **Wahrnehmung**, die **Freude am Experimentieren**, das genaue Sortieren die Wertschätzung der Umwelt.

ab 3 Jahren → 🕐 45 min

1 Bei einem gemeinsamen Ausflug in den Wald, Park oder Garten suchen Sie mit den Kindern Dinge, die sich zum Malen eignen, z. B. Blüten, Blätter, Gras oder Beeren. Weisen Sie die kleinen Sammler darauf hin, dass nichts in den Mund genommen werden darf!

2 Zu Hause angekommen, sortierst du deine Schätze in Gläschen. Anschließend werden sie in kleine Stücke gerupft – so wird die Farbe später intensiver. Die Beeren werden entweder in Behältern gesammelt oder direkt auf dem Papier zerdrückt.

3 Besonders leicht lässt sich Papier mit einem Teebeutel grundieren. Einfach den Teebeutel in warmes Wasser tauchen und dann damit malen. Mit Hagebuttentee geht das besonders gut. Die Farbe wird erst rot, dann violett. Schwarztee ist ebenfalls geeignet. Interessante Verfärbungen ergeben sich durch auf das Bild geträufelten Zitronensaft.

4 Zunächst probierst du auf Schmierpapier aus, ob die Naturmaterialien von sich aus abfärben oder ob sie Wasser benötigen. Erde oder Grasstückchen verrührst du mit Wasser, Öl oder Ei und trägst den Farbbrei mit einem Pinsel auf. Wenn die Farbe zu flüssig ist, etwas Stärkemehl hinzugeben.

5 Arbeite parallel an mehreren Papieren, so kannst du gleichzeitig verschiedene Effekte ausprobieren.

UMWELTBEWUSSTSEIN • 115

Mein Minibiotop
Insektenhotel

MATERIAL
- Holzkiste, 30 cm x 40 cm x 12 cm
- Holzbrett, 46 cm x 20 cm
- Holzleiste, 1,8 cm x 3,5 cm x 40 cm
- Hohlblockbackstein, 24 cm x 11 cm x 11 cm
- Holunderaststücke
- hohle und markhaltige Pflanzenstängel
- Strohhalme
- Lehm
- leere Schneckenhäuser
- kleingeschnittenes Stroh
- Konservendosen
- Handbohrer, 2 mm-10 mm
- Nägel
- Hammer
- elektrischer Bohrer
- Schrauben
- Kreuzschlitzschraubenzieher, ø 5 mm
- Schleifpapier
- Holzleim
- Fliesenkleber
- Spachtel
- alte Plastikschüssel
- wetterfeste Farbe in Gelb
- breiter Borstenpinsel
- Kinderarbeitshandschuhe
- Meisenschutzgitter, Lochstärke 13 mm
- Tontopf, ø ca. 14 cm
- Holzwolle
- Kordel, ca. 50 cm lang und 1 cm stark
- Kaninchendrahtstück, ø ca. 25 cm
- Kneifzange
- Schleifenband, ca. 50 cm lang, 1 cm breit
- große Sticknadel

AKTIONSIDEE
Das Insektenhotel besteht aus Einzelelementen. Jede Wohneinheit kann auch separat angefertigt werden. Nehmen Sie sich die Zeit, auch die Bewohner des Hotels zu studieren. Wer geht hier ein und aus? Den Kindern vermitteln Sie mit diesem Projekt **Verantwortungsbewusstsein für die Umwelt.**

116 • UMWELTBEWUSSTSEIN

ab 5 Jahren → 1h 30 min

Stängeldosen

1 Du schneidest viele hohle oder und markhaltige Pflanzenstängel mit einer kleinen Gartenschere auf die Länge der Dose. Stopfe die Stängel dicht in die Dose. Wenn du die Dose einzeln aufhängen möchtest, lackiere sie außen wetterfest und binde einen Blumendraht als Aufhängung darum.

Lehmtöpfchen

1 Rühre Lehm mit Wasser zu einem dicken Brei an. Fülle den Brei in ein Blumentöpfchen (ø 9 cm). Drücke leere Schneckenhäuser mit der Öffnung nach oben in die Masse. Lasse den Lehm einen Tag lang trocknen. Steche mit einem Handbohrer, Kreuzschlitzschraubenzieher oder einer Stricknadel Löcher bis auf den Grund des Töpfchens hinein. Evtl. die Löcher mit einer Drehbewegung am nächsten Tag nacharbeiten.

Holunderstängel

1 Die Holunderzweige am besten im Spätherbst schneiden und das Mark drei Monate lang trocknen lassen. Mit der Säge bzw. der Gartenschere schneiden.

2 Du kannst mit dem Handbohrer tiefe Löcher in die Stängel bohren. Ein mit einer Schnur verschnürtes Stängelbündel kannst du auch so für Wildbienen in einen Baum hängen.

Gitterziegel

1 Mit Schleifpapier die Ziegelkanten begradigen. Ziehe dabei Kinderarbeitshandschuhe an. Du kannst die Löcher des Ziegels auch mit Lehm verkleinern, ihn mit Strohhalmen ausstopfen und ihn als „Bungalow" an einen sonnigen Platz stellen.

Hotel

1 Sägen Sie die Leiste auf Kistenlänge ab und kleben Sie diese auf das lange Seitenteil bündig zur Rückwand. Legen Sie das Dachbrett auf und schrauben Sie es mit fünf Schrauben an der Leiste und an der Kiste fest.

Modell wird auf Seite 118 fortgesetzt ...

UMWELTBEWUSSTSEIN

2 Jetzt kannst du das Hoteldach mit wasserfester Farbe bemalen.

3 Rühren Sie Fliesenkleber nach Vorschrift an und verteilen Sie die Masse ca. 1 cm hoch auf dem Kistenboden.

4 Jetzt kannst du die Stängeldosen, Gitterziegel, Holunderstängel und Lehmtöpfchen in die Kiste einsetzen. Stroh locker in die Zwischenräume füllen. Evtl. mit einem Löffelstiel nachstopfen. Klebstoff trocknen lassen.

5 Befestigen Sie ein Meisenschutzgitter vorne auf der Kiste, damit die Vögel die Strohhalme nicht herausziehen können. Hängen Sie das „Hotel" mindestens 1 m hoch vom Boden entfernt auf.

Ohrwurmhaus

1 Mache einen dicken Knoten in das Kordelende und führe die Kordel durch das Loch des Blumentopfes.

2 Stopfe Holzwolle locker in den Tontopf.

3 Geben Sie das Kaninchendrahtstück vorne auf die Topföffnung und biegen Sie den Draht am Topfrand fest.

4 Fädle das Schleifenband durch eine dicke Stopfnadel und webe es durch den Draht. Binde vorne eine Schleife. Ziehe dabei Kinderarbeitshandschuhe an, damit du dich nicht am Draht verletzt.

118 • UMWELTBEWUSSTSEIN

ab 3 Jahren | 15 min

Hippes Hippo
Küchenreiben-Frottage

MATERIAL
- Fotokarton in Rosa, A3
- Dichtungsring, ø 2 cm
- Papier, A4
- Wachs- und Buntstifte
- Küchenreibe oder verschieden strukturierte Untergründe
- Klebestift

VORLAGE SEITE 136

1 Übertragen Sie die Nilpferdvorlage auf das A4 Papier.

2 Schneide das Nilpferd aus und lege es auf die Küchenreibe. Jede Seite der Reibe hinterlässt ein anderes Muster, wenn du mit deinem Wachsstift darüber rubbelst.

3 Lege den Dichtungsring unter den Fotokarton und reibe mit einer beliebigen Farbe über die Unebenheit. Mache das bis du einen tollen Hintergrund für dein Nilpferd hast.

4 Nun kannst du das Nilpferd auf den Fotokarton kleben.

AKTIONSIDEE

Natürlich kann man noch ganz andere Strukturen als den Dichtungsring oder die Küchenreibe als Basis der Frottage nehmen: Rubbeln Sie doch mal über Rinde, ein Sieb, den Heizkörper oder schöne Blätter. Verwendet man hierzu dünnes Tonpapier, dann wird das Ergebnis besonders schön! Durch eine Frottage kann man seine Umwelt plötzlich ganz anders wahrnehmen. Die Strukturen, nicht die Farben stehen im Vordergrund! Kinder trainieren so **Abstraktion** und **Kreativität**.

UMWELTBEWUSSTSEIN • 119

Es schwimmt!
Boot mit Ölmotor

AKTIONSIDEE

Dieses **Experiment** ist etwas für warme Sommertage. Wenn ein Forscher aber unbedingt im Winter Kapitän werden möchte, dann betreiben Sie das Boot doch einfach mit Babyöl und stecken den kleinen Ingenieur samt Boot in die Badewanne!

MATERIAL
- dicke Graupappe oder Tonkarton
- Kinderschere
- Bleistift
- Lineal
- Ölkreide oder wasserfeste Filzstifte
- kleiner Trichter
- große Wanne mit Wasser
- Salatöl
- Handtuch
- wasserfeste Unterlage

VORLAGE SEITE 134

1 Übertragen Sie die Bootsvorlage auf Karton.

2 Du kannst jetzt dein Boot ausschneiden. So geht der Antriebsschlitz: Lege dein Lineal genau von einer Spitze zu der anderen Spitze an und messe die Länge deines Bootes. Zeichne dir der Länge nach in die Mitte zwei Linien, die 5 mm Abstand voneinander haben und kurz über die Bootsmitte ragen. Ende mit einem kleinen Kreisausschnitt.

3 Eventuell sollten Sie beim Antriebsschlitz helfen – besonders gut gelingt er mit einem Cutter.

4 Male dein Boot mit wasserfesten Stiften bunt an.

5 Befülle eine Wanne mit Wasser. Lege dein Boot hinein und gebe in den kleinen Kreisausschnitt mit einem Trichter vorsichtig etwas Salatöl. Es darf kein Öl auf die Pappe kommen.

6 Das Boot wird nun durch das Öl vorangetrieben, denn das Öl möchte sich auf der Wasseroberfläche ausbreiten. Wenn auch ein paar Freunde ein Boot gebaut haben, könnt ihr ein Wettrennen machen, eine Regatta.

UMWELTBEWUSSTSEIN • 121

Beeindruckend!
Relief aus Alltagsgegenständen

MATERIAL
- Keilrahmen, 30 cm x 30 cm
- 1 kg Gips
- Wasser
- Farbwalze
- Acrylfarbe in Arktis, Antikblau, Orange und Grün
- Gabel
- Flachpinsel
- 1 l Eimer
- Pappteller
- Schrauben, Schraubenzieher, Schlüssel, Zahnbürste, Flaschendeckel

ab 3 Jahren ➡️ 🕐 45 min

1 Augen auf und los! Auf Flohmarkt oder Sperrmüll gibt es immer wunderliche Fundstücke, die man einfach haben muss. Heute kannst du mit deinen Schätzen kreativ werden!

2 Fülle den Eimer mit einer halben Flasche Wasser und rühre langsam den Gips ein. Ist dieser so fest wie Kartoffelbrei, füllst du ihn in die Rückseite deines Keilrahmens und ziehst ihn glatt.

3 Nun kannst du einfach alles, was du möchtest in den Gips drücken. Anschließend kannst du deine Schätze mit einer Gabel wieder heraushebeln. Wasche die Gegenstände schnell ab, damit kein Gips daran kleben bleibt. Das Gipsbild muss jetzt über Nacht trocknen.

4 Fülle etwas Acrylfarbe in Arktis auf den Pappteller und rolle die Walze über die Farbe. Walze über dein Gipsbild, sodass nur die oberste Schicht farbig wird, die Abdrücke deiner Schätze bleiben weiß.

5 Male den Rahmen deines Bildes mit Acrylfarbe an, beispielsweise in Antikblau. Wenn du möchtest kannst du die trockene Acrylfarbe noch mit verschiedenen Gegenständen in Orange und Grün bestempeln – oder du malst einfach Tupfen darauf.

AKTIONSIDEE

Die Umrisse und Abdrücke von **Alltagsgegenständen** werden erfahrbar: Wer kann mit verbundenen Augen alle Abdrücke **ertasten**? Lassen Sie die Bilder reihum gehen. Wer nichts errät, muss das Bild weitergeben, wer etwas erkennt, darf ein zweites Mal raten.

UMWELTBEWUSSTSEIN • 123

Sonnenschein

Legebild aus Naturfundstücken

ab 3 Jahren → 🕐 **10 min**

MATERIAL
✓ Kiefern- und Fichtenzapfen
✓ Blätter
✓ Zweige
✓ Steine
✓ Äpfel
✓ Moos

1 Suche dir schönes Naturmaterial – aber achte darauf, dabei **keine** Tiere zu stören.

2 Im Sandkasten oder auf der Wiese kannst du dein Bild legen. Beginne mit einer Mitte aus **Moos**.

3 Lege die Äpfel darum und um die Äpfel einen Kreis aus Kiefernzapfen. **Ein paar** kleine Koniferenzweige und Fichtenzapfen bilden den Kreisabschluss.

4 Aus Kieseln und Blättern legst du jetzt die Sonnenstrahlen. Schon ist dein Fundstückbild fertig! Kannst du alle **verarbeiteten** Fundstücke benennen?

AKTIONSIDEE

Die spielerische Beschäftigung mit der natürlichen Umwelt unterstützt die **Sammelleidenschaft** und baut den **Sprachschatz** aus. Ein Naturerfahrungsvorschlag für Sommertage: Die Kinder ziehen die Schuhe aus und stellen sich hintereinander zu einer Barfußraupe auf. Jetzt legt jeder die Hände auf die Schultern des Vordermannes und schließt die Augen. Sie als „Sehender" leiten die Kinder nun an, durch den Wald oder den Garten zu gehen. Nach einer Weile dürfen die Kinder die Augen wieder öffnen. Nun lässt man die Kinder raten, wo sie entlang gelaufen sind. Es ist bemerkenswert: Anhand des Sonnenlichts auf der Wange oder eines moosigen Untergrundes erraten die Kinder tatsächlich, wo sie entlanggelaufen sind.

UMWELTBEWUSSTSEIN • 125

Bunte Blüten
Farbexperiment

AKTIONSIDEE

Dieses **Experiment** zeigt nicht nur auf, aus welchen Einzelfarben schwarze Farbe zusammengestellt wird. Mit den bunten Blüten werden auch **Konzentration, Feinmotorik** und Fantasie unterstützt. Aber aus dem farbigen Papier kann man nicht nur Blüten machen. Auch Girlanden, Ketten oder Faltschnittsterne sind denkbar.

MATERIAL

- rundes Filterpapier, ø 10 cm
- Filzstift in Schwarz, optional auch in Rot, Blau, Grün und Gelb
- Pipette oder Plastikspritze
- Wasser
- Chenilledraht in Grün, Hellgrün und Dunkelgrün

ab 4 Jahren → 🕐 15 min

1 Nehme einen schwarzen Filzstift und male mit ihm einen dicken Farbpunkt in die Filtermitte.

2 Mit der Pipette kannst du ein paar Wassertropfen auf den Punkt tropfen. Schon löst sich das Schwarz in viele verschiedene Farben auf.

3 Du kannst auch Blütenmitten in Rot, Blau, Grün und Gelb malen und betropfen. Lasse dann das Filterpapier gut trocknen.

4 Aus Chenilledraht lässt sich schnell eine Blütenstiel wickeln. Schon hast du eine farbenprächtige Blüte. Verschenke sie doch am Muttertag!

UMWELTBEWUSSTSEIN • 127

Kresseüberraschung

Garten im Schuhkarton

MATERIAL
- Schuhkarton mit Deckel
- Gefrierplastikbeutel
- 3 Blatt Küchenkrepp (alternativ Watte)
- 2 Tütchen Kressesamen
- Wasser
- Kinderschere
- Bleistift
- Bastelleim

VORLAGE SEITE 136

ab 3 Jahren 15 min

1 Übertrage die Herzvorlage auf deinen Schuhkartondeckel und schneide das Herz sorgfältig mit der Kinderschere aus.

2 Lege den Karton zuerst mit dem Plastikbeutel und anschließend mit dem Küchenkrepp aus.

3 Streue die Kressesamen gleichmäßig auf das Papiertuch. Damit die Samen Nahrung haben, musst du diese jetzt schwach, aber gleichmäßig befeuchten.

4 Nun musst du nur noch den Deckel auf die Schachtel setzen und diese an ein Fenster stellen. Bitte denke daran, jeden Tag das Papiertuch zu befeuchten. Nach zwei bis drei Tagen wirst du schon ein paar Blättchen sehen.

5 Wenn die Kresse 3 cm hoch und sehr grün ist, können Sie den Deckel abnehmen. Nun können die Kinder sehen, dass die Pflanzen nicht nur Wasser zum Wachsen brauchen sondern auch Licht. Die Samen am Herzfenster sind üppig gewachsen und sichtbar größer als die Kressepflänzchen am Schachtelrand.

AKTIONSIDEE

Biologische Vorgänge werden sichtbar: Der Zusammenhang von Licht, (Nährstoffen) und Wasser für das Pflanzenwachstum wird aufgezeigt. Wenn die Kinder Spaß an ihrem Kressegarten haben, dann säen Sie doch gemeinsam noch mehr aus: Kürbisse, Sonnenblumen oder Tomaten wachsen recht unproblematisch. Allerdings benötigen diese einen großen Topf voller Erde als Grundlage. Selbstangebautes schmeckt übrigens himmlisch!

UMWELTBEWUSSTSEIN • 129

Es war eine Mutter, ...
Jahreszeitensammelbox

MATERIAL
- Fotokarton in Hellgrün, Gelb, Rotbraun und Weiß, 24 cm x 24 cm groß
- Fotokarton in Orange oder Hellblau, 50 cm x 50 cm
- Faltpapier in Rot oder Grün, 14 cm x 14 cm
- Universalpapierrest in Gelb
- Klebestift

VORLAGE SEITE 135

AKTIONSIDEE

Unterstützen Sie das Projekt, indem Sie es in allen vier Jahreszeiten wieder aktivieren. Mit Jahreszeitenliedern und -geschichten werden die Kinder zusätzlich für die Rhythmen der Natur sensibilisiert. Sprechen Sie mit den kleinen Sammlern darüber, was man archivieren kann (Kastanien) und was vergänglich ist (Schneeflocken). Sie können diesbezüglich auch Konservierungsmethoden vorstellen (Pressen, Dörren, Lackieren). Die Wahrnehmung von Natur und Umwelt, sowie das **Jahreszeitenverständnis** werden so geschult.

ab 4 Jahren → ⏰ 45 min

1 In der allgemeinen Anleitung auf Seite 10 finden Sie detaillierte Hilfe zum Bau einer Papierbox.

2 Lege eins von den vier Fotokartonquadraten mit der Kante nach unten vor dich hin. Falte die Kante von unten nach oben genau aufeinander und streife diese fest mit dem Daumennagel aus. Öffne die Faltung wieder.

3 Falte die untere Kante genau auf den Mittelbruch. Wieder auffalten, Blatt drehen, die jetzt unten liegende Kante zum Mittelbruch falten und die Faltung wieder öffnen.

4 Drehe das Blatt so, dass alle Faltknicke senkrecht liegen. Wiederhole die oben beschriebenen Faltgänge. Jetzt hat dein Blatt 16 kleine Faltquadrate. Kannst du sie alle zählen?

5 Schneide oben und unten die Seiten nach dem ersten und vor dem letzten kleinen Quadrat bis zum nächsten Faltknick ein. Stelle die linke und rechte Seite hoch. Die eingeschnittenen Quadrate führst du zur Mitte und klebst die Vorderseite mit Klebestift auf.

6 Wenn du das mit der gegenüberliegenden Seite genauso machst, entsteht eine kleine Kiste. Du faltest die anderen drei Kisten genau so. Jetzt klebst du die vier Schachteln zusammen.

7 Wenn du einen Deckel möchtest, faltest du das große Quadrat wie die Schachteln. Nur die Quadrate an den Seiten faltest du noch einmal aufeinander und knickst sie vor dem Zusammenkleben nach innen ein. So wird der Rand niedriger und stabiler. Den Deckel kannst du vielleicht mit gepressten Blättern oder Blumen bekleben. Oder ein Kleeblatt oder eine Blume ausschneiden und aufkleben.

8 Nun kannst du das ganze Jahr über deine Fundsachen aus der Natur z. B. Schneckenhäuser, Steine oder Eicheln in der Box aufbewahren. Hellgrün ist die Frühlingsbox, gelb ist die Sommerschatulle, Rotbraun die Herbstschatzkiste und weiß die Winterwunderdose.

UMWELTBEWUSSTSEIN • 131

wie Ludwig

SEITE 56

**VORLAGEN AUF
300% VERGRÖSSEREN**

A B C D
E F G H
I J K L
M N O P

VORLAGEN • 133

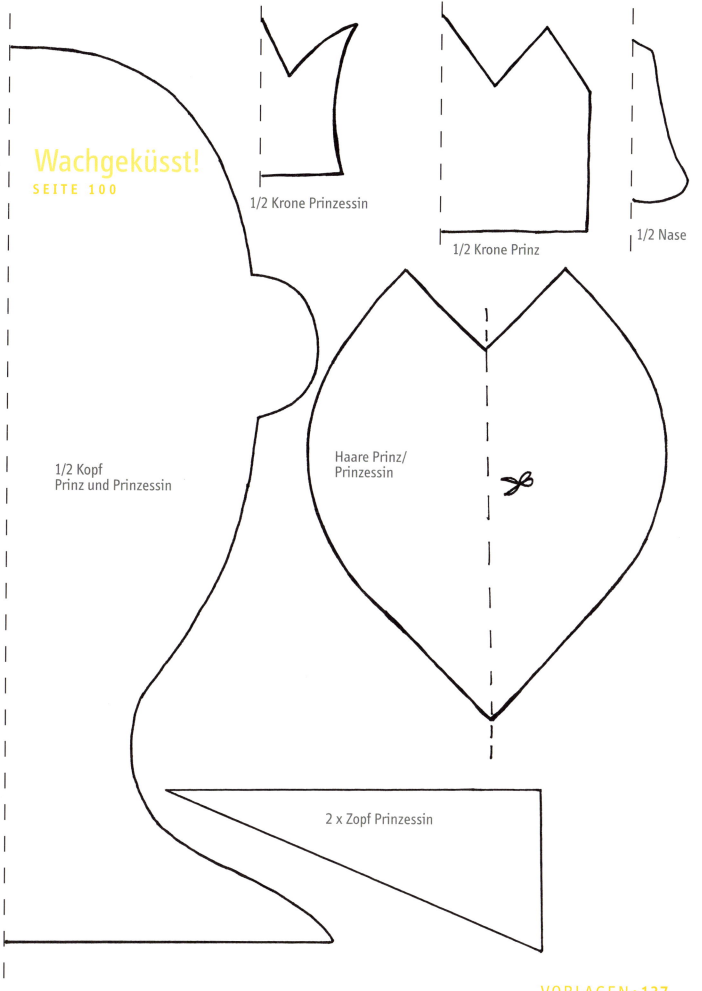

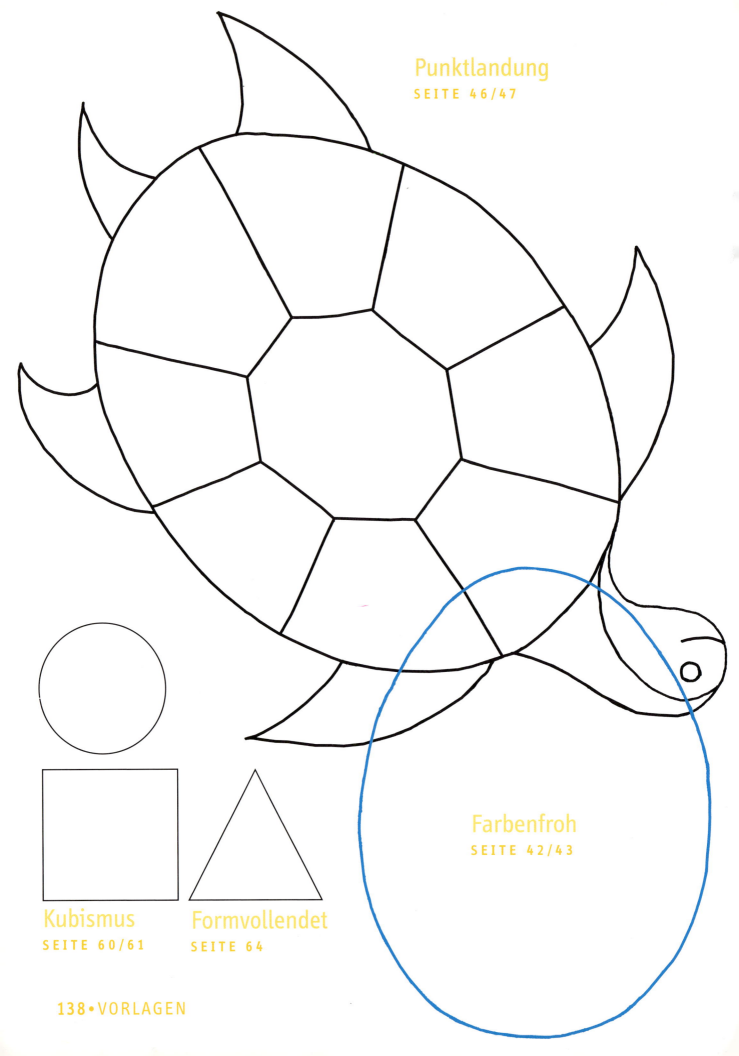

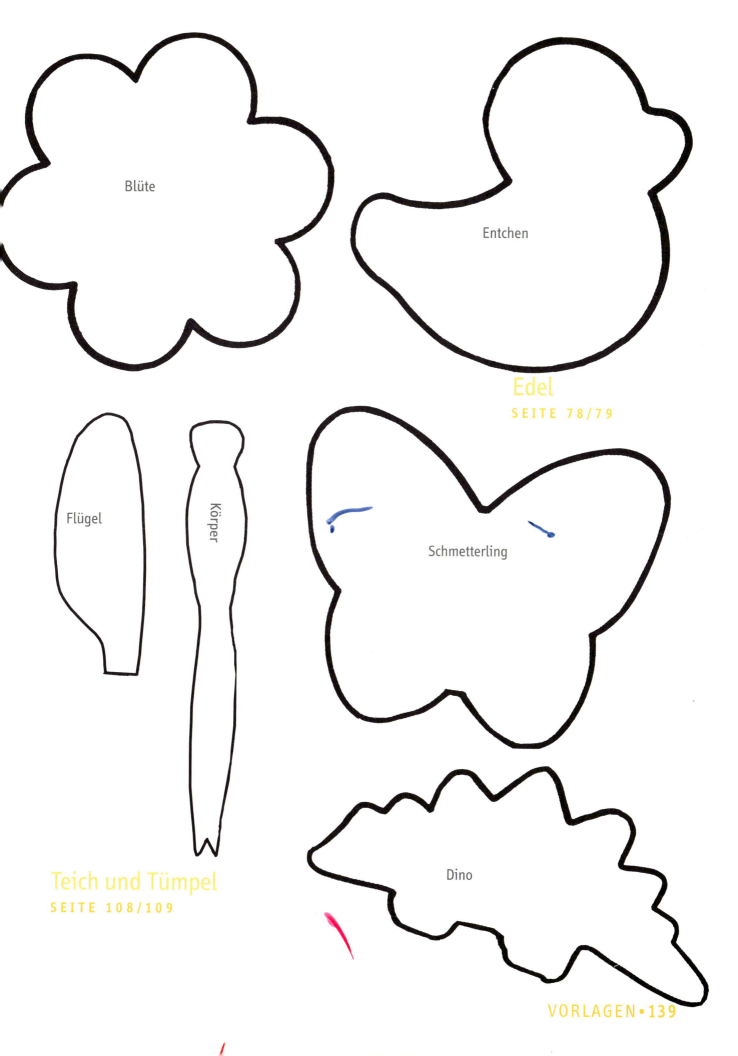

Was fördert was?

Bastelidee	Seite	Feinmotorik	Kreativität	Selbstvertrauen	Konzentration	Soziale Kompetenz	Emotionale Kompetenz	Ich-Wahr-nehmung	Sprachförderung
Einfach dufte!	14	x	x	x					
Buntblick	16	x	x	x					
Leichtfüßig	18	x	x	x					x
Leckerschmecker	20	x	x	x					
Wo der Pfeffer wächst	22	x	x	x	x				
Fingerspitzengefühl	24	x	x	x	x				x
Klangfarbe	26	x	x	x	x				
Kuschelweich	28	x	x	x		x	x	x	
Zauberstern	32	x	x	x	x				
Freche Früchtchen	34	x	x	x	x				
Konzentration!	36	x	x	x	x				
Chic!	38	x	x	x	x			x	
Manege frei!	40	x	x	x	x				
Farbenfroh	42	x	x	x	x				
Punktlandung	46	x	x	x	x				
Fang die Maus!	48	x	x	x	x				
Im Dunkeln funkeln	50	x	x	x	x				
Angemessen	52	x	x	x	x				
L wie Ludwig	56	x	x	x					
Einkaufsspaß	58	x	x	x	x				
Kubismus	60	x	x	x					
Graf Zahl	62	x	x	x					
Formvollendet	64	x	x	x					
Baumeister	66	x	x	x	x				
Dicke Fische	70	x	x	x	x				
Gipstütenmonster	72	x	x	x					
Dreckspatz	74	x	x	x					
Fotos aus Fantasia	76	x	x	x					
Edel	78	x	x	x					
Zauberpflanze	80	x	x	x					
Käpt'n Zufall	82	x	x	x					
Knallfarbe	84	x	x	x					
Einfach glänzend!	86	x	x	x					
Kummer ade!	90	x	x	x		x		x	x
Sweet home	92	x	x	x				x	
Knet' mal!	94	x	x	x				x	
Unverwechselbar	96	x	x	x		x	x	x	
Synchron	98	x	x	x	x			x	
Wachgeküsst	100	x	x	x		x	x	x	
Emotion	102	x	x	x		x		x	
Passkontrolle	104	x	x	x		x			
Teich und Tümpel	108	x	x	x	x				
Winterblume	110	x	x	x					
Alles klar?	112	x	x	x					
Natürlich	114	x	x	x					
Mein Minibiotop	116	x	x	x					
Hippes Hippo	119	x	x	x	x				
Es schwimmt!	120	x	x	x	x				
Beeindruckend!	122	x	x	x					x
Sonnenschein	124	x	x	x					
Bunte Blüten	126	x	x	x	x				
Kresseüberraschung	128	x	x	x					
Es war eine Mutter, ...	130	x	x	x	x				

Hören	Sehen	Riechen	Schmecken	Fühlen	Farben	Grund-formen	Räumliches Denken	Zahlen	Buchstaben	Forschertrieb	Umwelt-bewusstsein
	x	x	x		x					x	x
	x									x	
x											
		x	x							x	
		x	x							x	x
				x						x	
x	x				x					x	
				x							
						x		x			
		x	x				x				
							x				
					x						
					x						
x											
	x				x		x				
	x									x	x
x									x		
				x				x			
						x					
								x			
					x	x				x	
						x	x				
					x						
				x	x		x			x	
					x						
	x				x					x	
					x						
					x						
					x					x	
	x				x					x	
	x				x					x	
				x							
x				x			x				
							x				
	x									x	x
						x	x				x
										x	x
	x			x	x					x	x
										x	x
	x									x	
										x	
	x			x		x				x	
					x		x				x
	x				x					x	
							x			x	x
										x	x

FÖRDERTABELLE•141

Das Team

Das Konzept

Sylvia Krupicka

Ich lebe in Berlin und arbeite seit 2001 als Literaturvermittlerin in ganz Deutschland. Ich konnte zahlreiche Workshops mit Vorschulkindern gestalten, die mit mir in die Buchstaben- und Zahlenwelt mit viel Spaß eingestiegen sind. Seit zwei Jahren bin ich Dozentin in der Erzieherausbildung. Das Schreiben begleitet mich, seitdem ich mit sieben Jahren mein erstes Tagebuch begonnen habe, mittlerweile ist es ein Teil meines Berufslebens.

Rena Cornelia Lange

Seit 2006 bin ich in Schwäbisch Gmünd als Kunsttherapeutin und freie Dozentin selbstständig. Zu meinen therapeutischen Schwerpunkten gehört die Entwicklungsförderung von Kindern in der Arbeit am Tonfeld®.
Ein herzlicher Dank geht an die Kinder meiner Malkurse „Farbe und Fantasie" in Heubach und an meinen Mann und meine Mutter, die mich stets unterstützen.

KREATIV-HOTLINE

Hilfestellung zu allen Fragen, die Materialien und Bücher zu kreativen Hobbys betreffen:
Frau Erika Noll berät Sie. Rufen Sie an oder schreiben Sie eine E-Mail!
Telefon: 0 50 52 / 91 18 58*   E-Mail: mail@kreativ-service.info
*normale Telefongebühren

Die Kreativideen

Eva Sommer
Ich wurde in Schweinfurt geboren und habe einen erwachsenen Sohn. Als Kindergartenleiterin bin ich mit den Interessen, Vorlieben und Möglichkeiten kleiner Kinder bestens vertraut. Daher habe ich beim frechverlag schon zahlreiche Bastelbücher für Kinder veröffentlicht.

Claudia Guther
Ich lebe mit meiner Familie im Raum Ludwigsburg. Seit 2003 veröffentliche ich beim frechverlag Bücher zum Thema Kinderbeschäftigung, Acrylmalerei und Raumdekoration. Meinen Alltag bestreite ich mit Kindern und Jugendlichen im Bereich Erlebnis- und Waldpädagogik. Seit 2004 bin ich außerdem freie Mitarbeiterin im Kreativatelier der Firma Marabu.

Irene Kornder
Ich wurde in Würzburg geboren und habe zwei erwachsene Kinder. Meine Vorliebe kreativ und gestalterisch tätig zu sein, erfüllte ich mir durch meine Berufswahl: Als Lehrerin für Handarbeit, Hauswirtschaft und Werken begleite ich angehende Kinderpfleger/Innen während ihrer Ausbildung in kreativen und sozialpädagogischen Fächern.

Buchtipps für Sie

TOPP 5658
ISBN 978-3-7724-5658-9

TOPP 5638
ISBN 978-3-7724-5638-1

TOPP 5226
ISBN 978-3-7724-5226-0

TOPP 5745
ISBN 978-3-7724-5745-6

TOPP 5722
ISBN 978-3-7724-5722-7

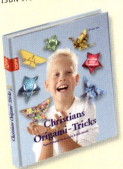

TOPP 5740
ISBN 978-3-7724-5740-1

TOPP 5738
ISBN 978-3-7724-5738-8

TOPP 3905
ISBN 978-3-7724-5658-6

TOPP 6737
ISBN 978-3-7724-6737-0

TOPP 5729
ISBN 978-3-7724-5729-6

DANKE!

Wir bedanken uns herzlich bei der Regenbogengruppe des Kindergartens Weimarer Weg in Bietigheim-Bissingen für die tollen Fotoshootings. Mitgeholfen haben: Amalia und Daniel, Noemi, Ronja, Lydia, Dana, Magdalena, Vivien, Mirko, Hasan, Fabian, Tim, Viktoria, Jannik, Maximilian, Celine, Luca, Gerta, Alexandros, Kevin, Rozali und Julia. Außerdem bedanken wir uns für die Arbeitsschrittfotos bei Aurelia, Ayleen, Karla, Lena, Marco, Nina, Helena, Tabea, Alina, Jana, Emma, Elena, Roxana, Linus, Oskar und Luisa.

Für die Bereitstellung von Materialien danken wir folgenden Firmen:
Staedtler Mars GmbH & Co. KG, Nürnberg, Marabu GmbH & Co. KG, Bietigheim-Bissingen, efco/hobbygross Erler GmbH, Rohrbach.

Impressum

MODELLE UND ALLE ARBEITSSCHRITTBILDER: Claudia Guther (S. 16/17, 20/21, 34/35, 60-63, 66/67, 72/73, 78/79, 82/83, 86/87, 119, 122-129), Irene Kornder (S. 18/19, 22/23, 42/43, 52/53, 58/59, 70/71, 80/81, 90-93, 102/103, 108-111, 120/121), Rena C. Lange (S. 24/25, 32/33, 36-39, 46/47, 50/51, 74/75, 84/85, 94-101, 114/115), Eva Sommer (S. 14/15, 26-29, 40/41, 48/49, 56/57, 64/65, 76/77, 104/105, 112/113, 116-118, 130/131).

FOTOS: frechverlag GmbH, 70499 Stuttgart, lichtpunkt, Michael Ruder, Stuttgart.
KONZEPTION: Sylvia Krupicka
PRODUKTMANAGEMENT UND LEKTORAT: Anja Detzel
LAYOUTENTWICKLUNG UND GESTALTUNG: Katrin Röhlig
ILLUSTRATIONEN: Uli Gleis, Graphik Design, Tübingen.
DRUCK UND BINDUNG: Neografia, Slowakei

Materialangaben und Arbeitshinweise in diesem Buch wurden von den Autorinnen und den Mitarbeitern des Verlags sorgfältig geprüft. Eine Garantie wird jedoch nicht übernommen. Autorinnen und Verlag können für eventuell auftretende Fehler oder Schäden nicht haftbar gemacht werden. Das Werk und die darin gezeigten Modelle sind urheberrechtlich geschützt. Die Vervielfältigung und Verbreitung ist, außer für private, nicht kommerzielle Zwecke, untersagt und wird zivil- und strafrechtlich verfolgt. Dies gilt insbesondere für eine Verbreitung des Werkes durch Fotokopien, Film, Funk und Fernsehen, elektronische Medien und Internet sowie für eine gewerbliche Nutzung der gezeigten Modelle. Bei Verwendung im Unterricht und in Kursen ist auf dieses Buch hinzuweisen.

© 2011 frechverlag GmbH, 70499 Stuttgart

1. Auflage 2011

ISBN 978-3-7724-5744-9
Best.-Nr. 5744

Kindergarten

Kindergarten